운을
벌어야
돈이
벌린다

운을
벌어야
돈이
벌린다

이정재 지음

BOOK⋀ER

부유한 자와 가난한 자는
무엇이 다른가

우리는 풍수학이나 사주학, 작명학 등의 음양오행론을 미신 혹은 엉터리 점술로 치부해 버리는 경향이 있다. 하지만 이 학문들을 조금이라도 이해하는 사람들은 이 학문들이 우리에게 절대 없어서는 안 된다는 사실을 알고 있다. 지금까지는 대부분의 사람들이 왜곡된 일본식, 중국식 점술에만 매몰되어 있어서 이 학문의 진정한 가치를 몰랐을 뿐이다.

필자는 유튜브로 방송을 하며 어떻게 하면 제대로 풍수학, 사주학, 작명학 등의 음양오행론을 전달할 수 있을지, 어떻게 하면 사람들이 자신의 기운을 다 펼치고 살아갈 수 있도록 해줄 수 있을지를 고민하고 있다. 하지만 안타깝게도 필자가 강연을 나가서 풍수가 무엇인지, 우리 학문이 무엇인지 사람들에게 물으면 어김없이 왜곡되어 잘못 알려진 대답이 돌아온다. 풍수학으로 예를 들어보겠다. 풍수학은 우리 삶의 편리를 위해 만들어진 학문이다. 하지만 대부분의 사람들은 묏자리를 찾는 것 정도로만 이해를 하고 있다. 이는 성명학과 사주학도 다를 바 없다. 게다가 이 학문들이 왜 우리의 전통의 학문인지, 왜 우리가 지키고 물려줘야 하는 것인지에 대해서는 알고 있는 사람들이 거의 없다. 필자 역시 이 학문을 처음 필자의 부친으로부터 전수받았을 때 무작정 그 가치를 폄하했다. 하지만 세상 모든 학문의 기본 원리는 음양오행론의 범주를 벗어나지 못하며, 우리 인간의 삶 또한 마찬가지로 음양오행론의 범주를 벗어나지 못함을 깨닫고 난 후에는 생각이 바뀌었다. 더 나아가, 왜곡되고 잘못된 지식을 바로잡을 수 있도록 노력해야겠다는 생각이 들었다. 이런 생각들이 계기가 되어 처음 유튜브 방송을 시작하였고 필자의 진정성을 알아본 많은 사람들 덕에 여기까지 올 수 있게 되었다.

필자는 지금까지 많은 부자와 빈자를 상담했다. 그들에게는 풍수학적으로, 사주명리학적으로 큰 차이가 있었다. 이 책은 이런 경험들과 우리 학문의 이론을 토대로 성공과 번영, 행복의 법칙을 정리한 것이니 흘려듣지 말고 꼭 행해 보도록 하라. 필자 역시 이 책에서 소개한 방법으로 많은 부를 쌓았으며 이를 따라서 행한 많은 사람들에게 감사의 인사를 받곤 한다. 아주 작고 사소한 변화의 원칙을 이해한다면 분명 성공하고 번영이 뒤따를 것이며 행복이 찾아올 것이다. 하여 우리 학문에서는 이렇게 말하고 있는 것이다. 세상의 모든 변화는 아주 사소한 아주 작은 것으로부터 생겨나는 것이고 이 작은 변화들이 거대한 운의 소용돌이를 만들게 되어 어느 순간 큰 운의 흐름을 타게 되는 것이라고……

癸卯年 竹癸 이정재

목차

1장 사주 | 후천운이 인생을 지배한다

4장 **의복 | 성공하는 사람은 아무 옷이나 걸치지 않는다**

5장 **풍수 | 좋은 터에 좋은 기운이 깃든다**

| 사주 |

후천운이
인생을 지배한다

타고난 사주는
바꿀 수 없다는 오해

당신은 사주를 얼마나 믿는가. 과연 사주에는 나의 미래가 어디까지 나와 있을까. 나는 오랜 시간 사주명리학을 연구했고 이에 대해 강의하고 있다. 당연히 나에게는 "제 사주 좀 봐주세요"라는 요청이 참 많이 들어온다. 하지만 나는 사주를 상담해 주는 경우가 거의 없다. 여기에는 이유가 있는데, 아마 사주가 무엇을 말하는 것인지 알고 나면 분명 당신도 그 이유를 이해하게 될 것이다.

우리는 참 '사주'와 '팔자'라는 말을 많이 한다. "아이고 내 팔자야", "내 팔자가 그렇지, 뭐"라는 식으로 말이다. 이렇게 보면 사주와 팔자가 무슨 대단한 것인 것 같지만, 사실 이는 그냥 비유적인 표현일

뿐 아무것도 아니다. 사주라는 것은 태어난 연월일시를 말하는 것이다. 이것이 하늘의 기운과 땅의 기운으로 나뉘게 되어 하늘의 연월일시, 땅의 연월일시와 같이 8자의 글자로 표현하게 되는 것이며, 이 글자가 여덟 자라고 해서 '팔자'라고 하는 것이다.

2000년 1월 1일 새벽 1시에 태어난 사람의 사주 예시

乙卯(2000년) 戊寅(1월) 辛卯(1일) 戊子(1시)

과연 사람이 태어난 연월일시로 운명을 해석할 수 있을까? 이것이 가능하려면 같은 날, 같은 시에 태어난 사람의 운명은 동일하다는 가설이 성립해야만 한다. 사실 사주가 똑같은 사람이 전부 같은 인생을 살아간다면 이 가설이 성립하겠지만, 안타깝게도 사주가 동일한 사람 중에 비슷하게라도 살아가는 사람은 단 한 명도 없다. 다시 말해, 동일한 사주를 가진 수백 명이 전부 다른 삶을 살고 있다는 말이다. 물론 어떤 사람은 아주 부유할 것이고, 또 어떤 사람은 아주 가난하게 살아가고 있을 것이다. 또 어떤 사람은 배우자를 잘 만났지만, 또 어떤 사람은 가정불화에 속을 썩는다. 이렇듯 사주가 똑같은 사람이라도 전부 다른 삶을 살아가고 있다.

그렇다면 과연 사주는 아무런 의미가 없는 것 아닌가? 그렇다. 사

주로 알 수 있는 것은 하나도 없다. 하지만 이 말이 결코 사주라는 학문이 엉터리 사기이거나 거짓말이라는 뜻은 아니다. 사주는 우리 전통의 학문으로, 음양오행론을 기초로 하여 만들어졌다. 또한 한의학에도 활용되었으며, 태극기와 한글을 만드는 것에 토대가 된 이론이기도 하다. 그러니 세상 일이 전부 음양오행론의 이론을 바탕으로 일어난다고 해도 결코 과언이 아니다.

지금 우리가 쓰는 컴퓨터 시스템조차 음양론으로 볼 수 있다는 사실을 아는가? 알버트 아인슈타인Albert Einstein이 주장한 상대성 이론, 즉 모든 것은 비교되는 대상에 따라 달라진다는 원리 역시 음양론의 한 가지인데, 그 또한 노벨상을 받으러 가면서 이런 말을 했다고 한다. "나의 스승은 동양의 음양론이다" 이로써 알 수 있듯 음양오행론에 기초한 사주학은 절대불변의 법칙이자 체계이다.

그런데 여기에는 함정이 있다. 잠시 이야기를 바꿔보자. 한날한시에 태어난 사람의 삶이 달라지는 이유는 무엇일까? 사주학은 선천운에 후천운을 더하는 학문이다. 음이라는 선천운을 '내가 타고난 사주'라고 한다면, 여기에 양이라는 후천운이 더해진다. 이 말은 내가 태어난 기운, 즉 사주에 내가 살아가면서 만나는 '운', 즉 후천운을 더해야만 어떤 결과가 나온다는 말이다.

이는 퇴계 이황 선생님이 쓰신 《성학십도》에 명확하게 나오고 있다. 《성학십도》에는 "음양합이 만물 화생이다陰陽合 萬物化生"라는 말이 나오는데, 이는 음양이 합쳐져야 세상의 모든 만물이 만들어지는 것이고 선천운인 사주에 후천운인 부모와 배우자 또 본인의 성격이 더해져야만 비로소 한 사람의 삶이 또 운명이 나온다는 의미이다.

범죄자의 사주와 법조인의 사주가 동일하다면?

그럼 이제 후천운이 무엇인지 알아야 한다. 후천운이란 첫 번째로 부모 운을 말한다. 하여 한 사람의 초년 삶을 판단하기 위해서는 본인의 사주에 부모의 사주를 결합해서 판단해야 한다. 두 번째는 배우자 운이다. 그래서 성년이 되고 난 이후에는 본인의 타고난 기운, 즉 사주에다가 배우자의 사주를 결합해 균형을 내어서 판단해야 한다. 세 번째는 바로 본인의 성품을 대신하는 이름이다. 다시 말해 한 사람의 사주를 해석해 삶을 판단하기 위해서는, 본인의 사주에 부모의 사주와 배우자의 사주를 결합해 균형을 내고 거기에 이름을 같이 더해야 하는 셈이다.

그런데 이렇게 풀면 시간이 너무 오래 걸린다. 아마 대한민국 철학관 중에 이렇게 하는 집은 거의 없을 것이다. 대부분의 철학관에서는 사주 여덟 글자만 달랑 적어놓고 배우자 복이니, 재물 복이니,

출세 운이니 하며 상담을 한다. 그러니 거짓말이 되는 것이고, 사주를 본 의뢰인은 어쩐지 잘 맞지 않는다고 의심하게 되는 것이다. 세상에는 태어나는 순간에 정해지는 운명 같은 것은 없다. 세상 누구라도 후천운으로 자신의 삶을 바꿀 수 있다는 것이 바로 사주학이라는 학문인 것이다.

세상 모든 만물이 그러하다. 원래 좋은 것과 나쁜 것은 정해지지 않았으며, 그것이 누구의 손에 들어가느냐에 따라 흉기가 될 수도 있고 나라를 구할 보물이 될 수도 있다. 사주 역시 마찬가지이다. 어떤 배우자를 만나느냐, 또 어떤 마음가짐을 갖고 살아가느냐에 따라서 빛나고 아름다운 삶을 사는 사람이 될 수도 있지만, 반대로 힘든 삶을 살아가게 될 수도 있다. 한 예로 20여 년 전, 유명한 범죄자 신창원과 똑같은 사주를 가진 사람의 이야기가 신문에 실린 적이 있었다. 그런데 그 사람은 죄를 짓기는커녕 사법시험에 합격을 한 사람이었다고 한다. 이렇듯 당신의 사주는 아무 의미가 없으며 그 자체만으로는 어떠한 가치도 없다.

물론 시간이 남아서, 혹은 재미 삼아서 사주를 보는 것은 문제가 되지 않는다. 하지만 유명하다는 이를 찾기 위해 멀리까지 가서 상담하거나 이들의 이야기를 기준으로 하여 자신의 귀한 인생을 결정하는 일은 절대로 없어야 할 것이다. 또한 "내가 당신의 삶을 해결해

주겠다"라고 말하는 자가 있다면, 분명히 말할 수 있다. 그 사람은 거짓말쟁이다. 이는 사주를 학문으로 공부했고, 지금도 학교에서 가르치고 있으며, 대한민국에 나와 있는 거의 모든 사주학 이론을 접해본 입장에서 하는 조언이다.

다시 한번 말하지만, 사주는 아무것도 아니다. 사주에 나의 후천운이 더해져야 어떠한 결과가 만들어지는 것이다. 선천운인 사주만으로는 아무 일도 일어나지 않는다. 누군가 나에게 선천운인 사주와 후천운인 부모 운, 배우자 운, 성명 운의 중요성을 묻는다면 나는 서슴없이 대답할 것이다. 여러분의 인생에 선천운인 사주의 영향력은 단 10%도 되지 않는다고. 나머지 90%는 후천운이라고 말이다. 그러니 이제 앞으로는 절대 이 사주의 함정에 빠지지 않기를 바란다.

사람 팔자는
이름 따라간다

성명학은 이름을 짓는 방법을 논하는 학문이다. 이름은 인간의 후천운 중에서 가장 중요한 것이고 절대 함부로 해서는 안 되는 것이다. 왜냐하면 이름이 그 사람의 성격을 만들기 때문이다. 이름이라는 것은 남이 불러주는 것이며 수도 없이 듣다 보면 그 이름에 맞는 성격이 되기 때문에 이는 후천적으로 만들어지는 부분이라고 할수 있다. 따라서 이름은 자신이 타고난 기운에 맞게 지어야만 하고, 이에 대한 이론이 성명학인 것이다.

필자가 강연을 다니다 보면 이런 질문을 하는 사람들을 자주 만나곤 한다.

"사람은 정말 사주대로 살아갑니까?"

질문을 들을 때마다 필자는 주저 없이 말하곤 한다.

"사람은 절대 사주대로 살지 않습니다. 아무리 좋은 사주를 가지고 태어났다고 하더라도 후천운이 나쁘면 반드시 불행하게 살아갈 수밖에 없으며, 아무리 나쁜 사주를 가지고 태어났다고 하더라도 후천운을 잘 만들어 주면 반드시 행복하게 살아갑니다."

인간이 태어나는 순간에 누군가는 행복하고 부유하고 풍요롭게, 누군가는 가난하고 힘들고 비참하게 살아가라는 식으로 운명이 정해지게 된다면 이 얼마나 불행한 일이겠는가. 운명은 절대 그런 식으로 정해지지 않는다. 그렇기 때문에 인간은 행복해질 수 있으며 살아갈 가치가 있는 것이다. 인간은 기계와 다르다. 자신의 운명은 자신이 개척할 수 있고 만들어갈 수 있다. 좋은 배우자를 만나고 좋은 벗과 사귀며 좋은 스승에게 배운다면 살아가는 것이 더욱 가치 있을 것이며 행복이 저절로 찾아오게 될 것이다. 하지만 반대로 나쁜 배우자를 만나고 나쁜 벗과 사귀며 나쁜 스승에게 배운다면 어떻게 될까? 물론 아주 불행하고 힘든 삶을 살아가게 될 것이다.

이제 후천운의 중요성을 알겠는가? 그렇다면 좋은 배우자, 좋은 벗, 좋은 스승은 정해져 있는 것일까? A라는 사람을 예로 들어보자. A라는 사람은 누구에게나 좋은 배우자가 될 수 있을까? 또 그 사람은 누구에게나 좋은 친구가 될 수 있을까? 절대 그럴 리가 없다. A는 누군가에게는 좋은 배우자이고 좋은 벗이며 좋은 스승이 될 수 있겠지만 다른 사람에게는 그렇지 않을 것이다. 왜냐하면 모두에게 좋은 사람이란 존재하지 않기 때문이다. 자, 우리의 학창시절을 한번 생각해 보자. 당신의 기억에 남는 좋은 스승을 떠올릴 수 있는가? 그런데 과연 그 스승님은 누구에게나 좋은 사람이었을까? 분명 누군가에게는 가장 나쁜 스승으로 기억되고 있을 것이다. 그 스승이 나의 인생에 긍정적인 영향을 끼친 것은 나와 궁합이 잘 맞았기 때문이다.

인간은 자연의 일부다

인간은 자연의 일부이며, 이에 따라 선천적으로 타고난 기운이 제각각이다. 그러므로 잘 맞는 것이 있으며 또한 잘 맞지 않는 것도 있다. 누군가는 소고기를 좋아하겠지만 누군가는 소고기를 입에도 대지 못할 것이다. 누군가는 축구를 좋아하겠지만 또 누군가는 축구가 몇 명이 하는 경기인지도 모를 것이다. 누군가는 흰색이 가장 좋아하는 색일 수도 있지만, 누군가는 흰색이 가장 싫어하는 색일 수도 있는 것이다. 이렇게 단지 세상 모든 것은 나와 맞느냐 맞지 않느냐의 차이만 있을 뿐이다. 소고기와 축구, 흰색에 좋고 나쁨이 있겠는 가? 물론 이름 역시 마찬가지다. 이름 자체에 좋고 나쁨은 없다. 나에게 잘 맞는 이름, 내가 타고난 기운에 잘 부합하는 이름은 나에게 좋은 이름이 되는 것이고 내가 타고난 기운에 부합하지 않는 이름은 나에게 나쁜 이름이 되는 것이다. 간혹 상생의 이름이면 무조건 좋고 상극의 이름이면 무조건 안 된다고 말하는 어리석은 작명가들도 있는데, 이런 말을 하는 사람들은 음양학이 무엇인지도 모르는 것이니 어리석은 말에 현혹되어서는 안 될 것이다.

기막힌 개명 이야기

필자는 수없이 많은 사람들에게 이름을 지어주었으며, 이 중에는 개명하려는 사람도 아주 많았다. 개명하려는 사람들의 경우 거의 대부분이 다음의 두 가지 경우로 나누어 볼 수 있다. 첫 번째가 자신의 이름이 마음에 들지 않아서 이름을 바꾸려고 하는 사람들이다. 이 중에는 남성이지만 여성의 이름을 가진 경우도, 이와 반대로 여성이지만 남자의 이름을 가진 경우도 있었다. 문중門中의 돌림자로 인

해 아주 촌스러운 이름을 가지고 있었던 경우도 있었으며 그 외에
도 헤아릴 수 없을 만큼 다양한 사연이 있었다. 물론 이런 경우, 개
명을 하는 것이 당연하며 본인에게도 좋을 것이다. 이름이라는 것은
자신만의 고유한 것인 데다가 내가 부르는 게 아닌 남이 나를 불러
주는 것이기 때문에 들을 때마다 기분이 좋아져야 한다. 그런데 남
이 나를 부를 때마다 화가 나거나 부끄러워진다면 이름의 가치가 전
혀 없는 것이다. 두 번째 경우가 삶이 너무 힘들어 개명하려는 사람
들이었다. 이러한 사람들에게는 두드러진 특성이 있다. 이름으로 인
하여 역극逆剋이라는 것이 생겨나게 된 것인데, 이는 사주학에서 말
하는 운의 개념으로 이에 따르면 삶은 역생逆生에서 번영이 이루어지
고 역극에서 몰락이 이루어진다고 말한다. 그렇다면 역극은 무엇이
고 역생은 무엇일까? 이렇게 설명하면 쉽게 이해할 수 있을 듯하다.
어느 길목의 4차선이 갑자기 1차선으로 줄어든다면 어떤 일이 일어
나겠는가? 아마 이 근방의 차가 막혀서 난리가 날 것이다. 수도 없
이 많은 사고가 날 것이고 아무도 이곳을 지나가려고 하지 않을 것
이다. 우리 몸의 혈액순환도 이와 비슷한 이치를 가지고 있다. 어느
한 장소에 혈전血栓이 쌓여 혈관이 좁아지게 되면 이곳이 터져서 큰
일이 일어날 것이다. 기의 흐름도 마찬가지다. 기가 잘 흐르지 못하
고 막히는 것을 우리는 '기가 막힌다'라고 표현한다. 이렇게 기가 막

혀서 문제가 생기는 경우를 사주학에서는 '역극이 일어나고 있다'라고 말을 하는 것이며 사람은 이 시기에 어마어마한 고생을 하게 되는 것이다. 역생은 이렇게 막힌 도로에 확장공사를 해서 문제를 해결한 것으로 이해를 하면 쉬울 것이다. 병원에서도 마찬가지로 막힌 혈관을 시술을 통해 넓히는 방식으로 문제를 해결하지 않는가. 하여 그동안의 모든 고생이 일순간에 해결되어 삶이 좋아지고 행복해지게 되는 것이다. 만일 스스로의 이름에 역극이 일어나고 있는지 알고 싶다면 방법은 간단하다. 갑자기 누군가 나의 이름을 부르는 것이 싫어지게 되고 이름이 불릴 때마다 짜증이 나거나 화가 나게 된다면 역극이 일어나는 중이라고 생각하면 된다. 어느 한순간에 이러한 일이 생기게 된다면 현재의 삶이 갑자기 어려워진 것이고 원래부터 계속 그랬다면 지금껏 계속 힘든 삶, 어려운 삶을 살아왔다는 이야기가 되는 것이다.

짐이 될 수도, 날개가 될 수도 있는 이름

우리 조상님들은 이름값이라는 말을 참 많이 하셨다. 이는 이름이 그 사람의 후천운이기에 그러한 것이다. 목오행木五行의 이름을 가진 사람은 목오행의 성격을 가지게 될 것이며 화오행火五行의 이름을 가진 사람은 화오행의 성격을 가지게 될 것이며 토오행土五行도 금오행金五行도 수오행水五行 역시도 그러할 것이다. 그런데 만약 후천적인 이름이 나의 타고난 기운에 부족한 부분을 완벽히 보완해 주고 있다면 어떤 일이 일어날까? 삶의 모든 문제들이 순탄하게 해결되어 평생을 안정적이고 행복하게 살아갈 수 있을 것이다. 그렇다면 이름이 나의 타고난 기운을 보완하지 못한다면 어떻게 될 것인가? 당연히 이 사람은 평생을 그 부족한 부분을 안고 살아가야 할 것이고 이로 인해 힘들고 어려운 삶을 살아가게 될 것이다. 그래서 이름을 후천운이라고 하는 것이며 우리 조상님들도 이름은 반드시 잘 지어주어야 한다고 말씀하신 것이다.

독과 약은 한 끗 차이

분명 이는 나와 같은 전문가들이 들으면 말도 안 되는 소리라고 할 것이다. 하지만 의외로 이런 이유로 개명을 하려는 사람들이 많다. 자, 명심해야만 한다. 이 말은 사람을 겁주는 전형적인 말에 불과하다. 우리는 누구나 상생이면 좋을 것이고 상극이면 나쁠 것이다, 라고 생각할 것이다. 하지만 이는 절대 그렇지 않다 오히려 상생이 나쁜 경우가 더 많으며 상극이 좋은 경우가 훨씬 많다는 것이다. 하나만 예를 들어보자. 혹시 '벌침'이라는 말을 아는가? 이는 한의원에서 많이 쓰는 치료법이다. 하지만 이 벌침은 사실 독이다. 독을 약으로 쓴다는 이야기인 것이다. 그리고 텔레비전 사극에서 많이 접했을, 죽을죄를 저지른 죄인에게 내리는 사약賜藥의 주성분은 부자附子이다. 이는 맹독으로 사람이 절대 먹으면 안되는 것이지만 반대로 보약 중에서도 특히 값비싼 '부자이중탕附子理中湯'이라는 보약으로 쓰이기도 한다. 어디에 쓰느냐에 따라 독도 약이 될 수도 있으며 약도 독이 될 수 있다는 것이 동양학이자 우리의 음양오행학이라는 것이다.

상생은 순응과 안정을 의미하는 것이며 상극은 경쟁과 갈등을 말하는 것이다. 사람이 살아가면 순응과 안정만 하면 어떻게 될까? 분명 계속 퇴보하는 삶만 살아갈 것이다. 매사에 순응하고 안정을 찾기 때문에 어떠한 시험도 보지 못할 것이며 늘 손해만 보는 미련한 사람이 될 것이다. 상생과 반대로, 상극은 경쟁이다. 경쟁이 없으면 그 어떠한 것도 쟁취할 수 없다. 하다못해 학교의 작은 시험부터 수능, 취업까지도 누군가와 경쟁을 하는 것이니 상극의 의미를 가진 것이라 할 수 있는 것이다. 하여 상생과 상극이 고르게 균형을 이루도록 하는 것이 중요한 것이지 절대 용어 자체의 잘못은 없는 것이고 그 선악 역시 없는 것이다.

시대착오적 발상에 의한 작명법

불용문자*라서 개명을 해야 한다는 말은 시대착오적인 이야기이며 신경 쓸 필요도 없는 말이지만 의외로 이것 때문에 필자에게 개명을 문의하는 사람들이 많다. 불용문자를 쓰면 안 된다는 말은 과거 조선에서 계층 사이의 서열이 엄격히 지켜지던 사회에서나 통용되었던 이야기이지 절대 현대에서 사용되어서는 안 되는 학설이다. 즉, 반상**의 법도가 법보다 중요하던 사회에서나 통용되었던 이야기라는 말이다.

과거 조선의 경우, 왕의 이름에 들어가는 글자는 그 어떠한 곳에서도 사용해서는 안 되었다. 그리고 성인들의 이름에 사용되었던 글자 역시 마찬가지였다. 사람들은 잘 모르는 이야기지만, 과거 대구大丘였던 대구의 지명이 현재 대구大邱로 바뀐 이유는 공자의 원래 이름이었던 공구孔丘를 지명에 사용해서는 안 된다는 관습 때문이었다. 이렇듯, 왕이나 성인의 이름과 한자가 같다고 하여 지명까지 바

---

* 이름에 쓰면 안 된다고 알려진 한자
** 밥과 반찬으로 구성된 우리 고유의 상차림

뀌었던 적이 몇 차례 있었다. 이 시절에나 동서남북의 사방신을 의미하는 한자, 왕과 귀족들만 사용해야 한다고 정해놓은 한자를 사용할 수 없었던 것이다. 이 관습에 이상한 해석이 덧붙여져 지금도 지켜야 하는 법칙처럼 받아들여지고 있는데, 이는 참 안타까운 일이라 할 수 있을 것이다.

정설처럼 받아들여지는 일본식 작명법

현재 대부분의 서적 또는 작명가들이 말하는 이론대로라면 수리오행이라는 것은 다음과 같다. '수리오행은 송나라 때의 채구봉이라는 사람이 만든 팔십일수원도八十一數元圖라는 것에 근거하여 중국 왕가에서 비전의 원리로 전해지는 것이다'

이렇게 보면 수리오행이 절대적인 원리이며 이론인 것 같지만, 사실은 그렇지 않다. 대구MBC에서 다큐멘터리 형식을 통해 수리오행 조사 및 방송을 한 적이 있다. 그 내용을 간략하게 설명하면 이렇다.

대구 MBC는 2010년 10월 22일 경술국치 백돌 특별기획으로 '우리 이름, 가는 길을 묻다'라는 프로그램을 제작했다. 이는 아직도 일본식 작명법에 사로잡혀 있는 우리의 이름에 관한 최초의 다큐멘터리로, 우리가 주로 쓰고 있는 한자의 획수에 의한 수리성명학이 사실 일본식 작명법임을 알리고 우리 이름의 정체성을 묻는 프로그램이었다. 수리성명학은 일제 강점기에 현 일본의 종교법인 오성각의 창시자 구마자키 겐오가 만든 작명법이다. 심지어 겐오의 수리성명학은 온전히 그에 의해 창안된 것도 아니다. 이는 역대 일본 막부의 수장인 쇼군들의 이름 획수에 근거하여 만들어낸 것에 불과하기 때문이다. 그렇다면 과연 우리가 이러한 작명법에 따라 소중한 이름을 짓고 개명을 해야만 하는가? 그런데도 국내 모든 철학원들이 수리성명학을 대단한 비법인 것처럼 지키고 있으니 안타까울 따름이다. 이름을 지을 때 이를 지키지 않아 생기는 찜찜함은 이해한다. 하지만 적어도 이것 때문에 개명을 하겠다고 결심하는 일은 없었으면 하는 것이 필자의 마음이다.

뒤늦게 재물복이
찾아오는 사람

앞에서는 사주만으로는 아무것도 알 수 없으며 그 무엇도 만들어지지 않는다고 말했다. 그렇다면 우리는 운명의 어떤 부분을 공부해야 할까? 바로 후천운이다. 후천운 중에서도 가장 중요한 것은 자신의 마음가짐이고, 이 마음가짐을 어떻게 만드냐에 따라 삶은 분명 달라질 것이다.

자, 우선 인생의 큰 흐름을 살펴보기로 하자. 인생을 살아가면서 가장 중요한 시기는 과연 언제일까? 물론 이는 사람마다 다를 것이다. 만약 당신에게 '초년기에서 청년기까지의 운'과 '중년기에서 노년기까지의 운' 중 하나를 선택하라고 한다면 무엇을 선택하겠는가?

당연히 평생 유복하고 행복하게 살고 싶겠지만 반드시 하나를 선택해야만 한다면, 나는 행복하고 부유한 인생 후반기의 삶을 선택할 것이다. 인생 초반기의 유복함과 행복은 부모로부터 만들어진 것이지만 후반기의 유복함과 행복은 스스로 만들어 낸 것이기에 그 가치가 더욱 크기 때문이다.

물론 실제로도 30대나 40대, 심지어 70대에 운이 트이는 사람이 있다. 말년에 운수가 좋아져서 무엇에 쓰겠냐고 하지 말자. 이제는 백세시대 아닌가. 만약 지금 인생이 힘들더라도 앞으로 나아진다는 확신만 있다면 그 누구라도 버틸 수 있을 것이다. 따라서 인생 후반부를 유복하고 행복하게 보내고 싶다면, 실제로 그렇게 사는 사람이 어떤 특징을 가졌는지 알아보고 이를 따라 해야 한다.

사주학에서는 "운이라는 것은 어떤 사람에게도 사는 내내 머물러 있는 경우가 없다"라고 말한다. 비록 초년에는 운을 받지 못한 사람이라도 이를 극복하면 중년 이후에 운을 받을 수 있으며, 중년에는 운을 받지 못한 사람이라도 신심信心을 가지고 꾸준히 기다리면 반드시 노년 이후에는 운을 받을 수 있다. 즉, 사람은 누구나 일생에 한 번은 운을 받을 수가 있다는 말이다. 다만 신심의 깊이에 따라서 운을 받는 양이 달라질 뿐이다.

분명 세상의 모든 것은 순환하고 변화하며, 또 이것이 반복되고 서서히 커지기도 하고 오히려 작아지기도 한다. 운도 그러하다. 지금 운을 받고 있는 사람이라면 이 운의 순환이 계속 강해질 수 있도록 늘 준비하고 노력해야 한다. 비록 지금 운을 받지 못해서 힘들고 어려운 삶을 살아가고 있더라도 꾸준히 노력하고 정진해야 한다. 이는 때가 되었을 때 운의 양을 더 강하게, 더 크게 하기 위해서 그러한 것이다. 분명한 건 누구나 일생에 한 번은 아주 큰 운이 오기 마련이며, 하늘은 절대 사람을 땅에 내시면서 평생 고생만 하다가 생을 마감하라고 명하지 않으셨다는 사실이다.

우리 인생의 오답노트

그렇다면 사주학은 '운의 크기를 결정하는 조건'을 어떻게 정의하고 있을까? 또 신심이 크고 깊다는 것은 과연 무슨 말일까?

운을 결정하는 첫 번째 조건은 정언正言과 정동正動이다. 한자 그대로 풀이해 보면 '바른 말'과 '바른 행동'이라는 의미이며, 현대적인 용어로 해석해 보면 긍정적인 말을 하고 긍정적인 행동을 하라는 의미이다.

예를 들어보면 다음과 같다. 맛있는 음식을 먹었을 때, 큰 운을 받아서 부자가 될 사람이나 이미 부자가 된 사람들은 "잘 먹었다"라거나 "배가 불러서 기분이 좋다" 등의 말처럼 긍정적이고 운을 부르는 언어를 사용한다. 하지만 운이 결코 곁에 오지 않을 사람들은 "어휴, 배 터져 죽겠다", "배불러 죽겠다"라는 식으로 말을 한다.

사실 말에는 굉장히 큰 힘이 있다. 내가 뱉은 말은 가장 먼저 내가 듣게 되는데, 이는 나의 운을 듣게 되는 것과 마찬가지이다. 그래서 우리 조상님들은 말을 함부로 하는 사람들은 절대 가까이 하지 말라고 하셨던 것이다. 또한 상학相學에서는 이렇게 말하고 있다. 우리 몸이 만들어질 때 눈, 귀, 팔, 다리는 두 개씩 만들어졌으며 이는 반드시 균형에 맞게 치우침이 없이 사용하라는 의미이고, 입처럼 하나밖에 없는 기관도 있는데 이는 늘 소중히 여기고 절대 함부로 사용해서는 안 된다는 경고라고 말이다. 특히 그중 입에서 나오는 언어는 복이 들어오게 할 수도 있지만 차버릴 수도 있다. 그러니 늘 좋은 언어, 긍정적인 언어, 아름다운 언어만 사용하도록 하라.

행동도 마찬가지이다. 행동이라는 것은 몸에서 나온다. 몸 역시 하나밖에 없다. 당연히 함부로 움직이면 안 된다는 뜻이다. 어르신들이 다리 떠는 모습을 보면 '복 나간다'라고 말씀하시는 건 불필요한 행동을 삼가라는 의미였던 것이다.

두 번째로 베푸는 삶을 살아야 한다. 사주라는 학문에서 말하는 오행론의 요체는 순환과 균형이다. 이에 따르면 세상 모든 만물은 반드시 순환을 하고, 이로 인해서 다시 균형이 이루어지게 된다. 그렇기에 내가 누군가에게 무엇이든지 주면 반드시 다시 얻게 된다. 아무것도 주지 않으면서 받는 일이란 결코 있을 수 없다. 이 원리는 국가 간의 외교나 정치, 사회와 경제, 무역과 같은 모든 분야에 적용된다.

하지만 무엇보다 가장 중요한 건 주더라도 잘 주어야 한다는 점이다. 상대방에게 나쁜 마음을 주면 나도 나쁜 마음을 받게 될 것이며, 감동과 고마움을 준다면 나 역시 감동과 고마움을 받게 될 것이다. 그러니 잘 주는 방법에 관해서 한번 생각해 보도록 하라. 이것이 부자가 될 수 있는 가장 중요한 포인트다.

세 번째로 주변에 사람이 모이도록 만들어야 한다. 우리의 사주학은 분명히 말하고 있다. 세상의 모든 운은 반드시 사람을 통해 오고 사람을 통해 커지게 된다고 말이다. 이는 동서고금을 막론하고 성공한 사람의 대다수가 익히고 터득했던 원칙이다. 그래서 큰 부를 얻은 사람들은 한결같이 인맥을 중요시한다. 그들은 필요한 사람을 자기 곁에 두기 위해 어떠한 손실도 기꺼이 감수한다. 이는 한 사람, 한 사람은 다 자신만의 운을 가지고 있으며 사람이 내 주변에 모인다는 건 나에게 수많은 운이 모인다는 뜻이라는 것을 잘 알기 때문이다.

사주학에서는 "운은 성체成體로 성成되지 않고 분체分體로 분分되어 성成될 때 발한다"라고 이야기한다. 또한 "관인쌍청官印雙淸이면 백하불청百何不淸"이라고도 말한다. 쉽게 말해 백지장도 맞들면 낫다는 소리다. 주변에 사람이 많을수록 모여드는 운의 기운도 더욱 강해질 것이고, 모이는 사람이 적을수록 운의 기운도 약해질 수밖에 없다. 그렇다면 어떻게 사람들을 모이게 할 것인가? 이건 바로 자신의 능력에 달렸다. 늘 주변 사람을 즐겁게 해 모이도록 하든지, 주변 사람을 편안하게 해주어서 모이도록 하든지, 어떻게든 모여들도록 하라. 그렇게만 한다면 한 명 한 명이 모여서 성체가 만들어질 것이고, 이 성체의 크기만큼 나에게 막대한 운이 쏟아져 들어올 것이다.

네 번째로 그릇을 키워야 한다. 사주학에는 대인과 소인배에 관한 이야기가 참 많다. 대인은 대세를 만들어 나가고, 소인배는 대세를 질투한다고 이야기하며, 대인은 앞선 자들을 인정하고 배우려고 노력하지만 소인배는 앞선 자들을 시기하고 질투한다고도 이야기한다. 또한, 우리 조상님들은 "삼인행三人行이면 필유아사必有我師"라는 말도 하셨다. 이는 어디서나 누구에게나 반드시 배우려고 하는 자세를 가져야 한다는 의미이며, 비단 사람뿐 아니라 내가 행한 모든 일에서 교훈을 얻으려고 한다는 의미이다. 또한 지나간 실패 하나하나에서도 교훈을 얻고 배움을 얻어서 다시는 이런 실수를 하지 말아야 한다는 경계이기도 하고, 앞선 사람(부자)의 삶에서 그들의 행동과 습관들을 배우려고 해야 된다는 의미이기도 하다. 사람은 누구나 다 실패하고 시련과 시행착오를 겪기 마련이다. 하지만 어떤 사람은 교훈과 배움을 얻어서 실패를 반복하지 않으려고 노력하는 반면, 또 어떤 사람은 절대 자기 잘못을 인정하지 않다가 거듭된 실패를 반복하곤 한다.

텔레비전에 나오는 수능 만점자나 고시 합격자가 하는 인터뷰를 들어보면 오답 노트에 대해 이야기하는 경우가 많다. 오답 노트는 실패를 반복하지 않으려고 노력하는 수단이다. 한 번 틀린 문제를 다시 틀리지 않으려고 노력하는가. 바로 이게 공부를 잘하는 학생과 못하는 학생의 결정적인 차이인 것이다.

이것은 우리 사회 모든 곳에서 적용되는 원리이다. 이것을 단지 사주학에서는 대인과 소인배로 구분해서 말하고 있을 뿐이다. 혹 지금까지의 인생행로에서 실패와 어려움이 많았는가? 그렇다면 이제는 지금까지의 삶에서 교훈을 찾고 다시는 실패를 반복하지 않으려고 노력하자. 그럼 앞으로의 삶은 번영하게 것이다. 그리고 그 실패가 나의 그릇을 키워줄 것이다.

내 안에서 만들어지는 운

마지막으로 한 가지만 더 살펴보자. 어쩌면 가장 중요한 것일지 모른다. 사실 이건 사주학에 나오는 것은 아니고 내가 이제까지 수많은 부자와 빈자를 보면서 자연스레 느끼게 된 것이다. 바로 스스로에 대한 믿음이다. 자신을 믿어야 한다. 하늘은 절대 풀 한 포기, 나무 한 그루도 의미 없이 세상에 내지 않았다. 다시 말해, 어렵게 살라고 세상에 태어난 사람은 단 한 명도 없다는 말이다. 나는 세상에 하나밖에 없는 아주 소중한 존재다. 나와 같은 사람은 세상에 나뿐이다. 이 원칙을 반드시 기억해야 한다.

부유한 사람은 자기에 대한 믿음과 확신이 굉장히 강하다. 그런데 가난한 사람들은 절대 자신을 믿지 않는다. 내가 나를 믿지 않는데 이 세상 그 누가 나를 믿어주겠는가? 매일 스스로 자기 최면을 걸라. "나는 세상에서 가장 잘난 사람이다. 반드시 멋지게 살아갈 것이고, 또 운이 그렇게 만들어 줄 것이다." 이렇게 말이다. 반드시 그렇게 될 것이다. 또한 이를 사주로 풀면 '호연지기浩然之氣'라고 이야기할 수 있다. 호연지기란 운을 불러오는 마음이다. 사주학에서는 대운이 들어오는 시기를 '자기 스스로 바뀌고 변하는 시기'라고 규정한다. 운은 밖으로부터 들어오는 것이 아니라 내 안에서 만들어지는 것이며 내가 만들어 내는 것이다. 그러니 반드시 스스로를 믿어야 한다. "나는 세상에 단 하나밖에 없는 아주 소중하고 고귀한 존재다. 나는 반드시 최고의 삶을 살아갈 것이다"라고 말이다.

세상의 오해와는 달리, 사주학은 원래 선천운을 단 1%도 고려하지 않는다. 모든 것은 다 후천운에 의해서 만들어진다고 설명한다. 그렇다면 후천운 중 가장 중요한 것은 무엇일까? 바로 마음가짐이다. 모두 후천운을 통해 누리는 삶 그리고 베푸는 삶을 살기를 바란다.

운이 들어올 때
나타나는 전조 증상

사주학에는 "운이라는 것은 인간이라면 누구나 몇 번씩은 누리게되지만 이를 알아차리지 못하기 때문에 그냥 흘려보내게 된다"라는말이 있다. 그렇다. 사람들은 지금 운이 들어오고 있는지 그리고 그운을 어떻게 나에게 녹여내야 되는지를 모르기에 이를 살려내지 못하는 것이고, 그렇기 때문에 운의 혜택을 누리지 못하고 있는 것이다. 그러니 알아야 한다. 운이 들어올 때는 어떠한 변화가 생기고 어떠한 전조 증상이 생기는지 말이다. 그래야 운을 살려 멋진 삶, 행복한 삶을 누려갈 수 있지 않겠는가. 분명히 알아야 한다. 세상 그 무엇이든 큰 변화가 생기기 전에는 반드시 일정한 신호가 온다는 것을……

하지만 대부분의 사람은 운이 들어올 때 오히려 겁을 내고 두려워하는 경향이 많으며, 이 운이 커지지 못하여 나가게 되면 그제야 후회를 한다. 이런 실수를 하지 않으려면 운이 들어올 때 어떤 변화가 생기는지 분명히 알아야 한다.

운이 바뀌면 나도 바뀐다

먼저 주변 사람들이 나의 변화에 관해 이야기하기 시작할 것이다. 운이 좋은 사람과 운이 나쁜 사람의 가장 큰 차이가 무엇일까? 바로 주관적인 시각이 주를 이루느냐 아니면 객관적인 시각이 주를 이루느냐 하는 것이다. 누구나 옆에서 보면 이상하다 싶을 일도 고집 피우고 자기 생각대로 밀어붙이며 남의 말에는 전혀 귀를 기울이지 않는 모습을 떠올려 보라. 이는 운이 나빠지고 있는 사람들이 하는 전형적인 행동이다. 하지만 운이 좋아지고 있는 사람은 남의 말을 들으려고 하고 남의 말에 귀를 기울인다. 그리고 주변에서도 나의 의견에 적극적으로 동조한다. 그러니 객관적인 조언들이 모여 실수나 실패를 하지 않게 되는 것이다.

이러한 특징으로 인해 우리는 '저 사람이 운이 좋아지고 있구나'

혹은 '저 사람은 운이 나빠지고 있구나' 하고 판단할 수 있다. 늘 전자의 행동만 하던 사람이 어느 날 갑자기 후자의 행동을 하게 되면 주변 사람들이 먼저 눈치를 채고 "저 사람 많이 변했네"라고 말할 것이다.

두 번째로 마음이 여유로워진다. 운이 변할 때 제일 먼저 달라지는 것은 무엇일까? 바로 세상을 보는 자신의 눈이다. 당연한 말이겠지만 세상은 변하지 않았다. 하지만 운이 들어오게 되면 이를 바라보는 시각이 달라진다. 사소한 일에도 쉽게 화를 내고 조급해했지만 운이 들어오는 순간 웃어넘기게 된다. 참고 여유를 가지는 마음이 생긴다. 이로 인해 다툼이나 갈등이 많던 일상에 어느 순간 웃음이 찾아오고 여유가 넘쳐나게 된다. 다들 잘 모르는 사실이지만, 사실 좋은 운과 나쁜 운은 분명 이 차이점을 가지고 있다. 나쁜 운은 일순간에 찾아오며 좋은 운은 서서히 찾아온다. 대신 좋은 운은 점점 커지게 되며 이는 전부 나의 마음이 만들어 내는 것이다. 자신도 느끼지 못하는 사이 운이 변할 때는 마음이 여유로워지고, 반대로 조급하던 일이 사라진다.

운이 바뀌면 시선이 바뀐다

　세 번째로 주변 사람들의 대우가 달라진다. 운이 좋을 때는 모든 것이 선순환하지만, 나쁠 때는 모든 것이 악순환한다. 운이 나빠질 때는 사소한 일도 참지 못해서 화를 내고 다툼이 생긴다. 이로 인해 주변 사람들은 나를 피하게 되고, 나를 점점 더 급하게 만든다. 하지만 운이 좋아질 때는 마음에 여유가 생겨 사소한 문제나 남의 실수들이 대수롭지 않게 여긴다. 이를 여유롭게 웃어넘기는 모습을 보며 주변 사람들이 다가오게 된다. 그리고 이것으로 인해 나는 더욱 여유로워지기 마련이다.

　이러한 선순환이 점점 커지면서 주변 사람들은 당신을 '좋은 사람', '같이 있으면 늘 편안한 사람'으로 여기고, 자연스럽게 주변에는 사람들이 모여든다. 지금 주변을 한번 둘러보라. 만약 주변 사람들이 당신을 피하고 있다면 지금 당신의 운은 나빠지고 있는 것이다. 물론 주변 사람들이 당신을 만나고 싶어 하고 당신과의 만남에서 편안함을 느낀다고 말한다면, 지금 당신의 운은 좋아지고 있는 것이다. 이러한 생활로 인해 당신은 대우받는 삶을 살아가게 되는 것이다.

　네 번째로 새로운 인연들이 계속해서 생겨난다. 사실 사람은 거의 비슷하며 또 모두 선하다. 하지만 이는 그 사람이 처한 상황이 주변 사람들을 속이고 있는 것이다. 우리는 한 번씩 이런 말을 한다. 돈이 사람을 속이는 것이지 절대 사람이 사람을 속이는 것이 아니라고 말이다. 맞다. 자신이 처한 상황이 힘들고 어렵다 보니 주변 사람들에게 믿음을 주는 행동을 하지 못하는 것이고, 또한 이것이 점점 더 어려운 자신을 만들어 가게 되는 것이다. 이와 반대로 상황이 점점 좋아지는 사람은 서서히 남에게 베푸는 삶을 살게 되고, 과거에 자신에게 은혜를 베풀었던 사람이 있다면 보답도 하게 되는 것이다. 그렇게 과거에 끊어졌던 인연들이 점차 다시 이어지고, 이를 통해 스스로 행복을 느껴 더 베풀게 된다. 이런 식으로 더 행복해지는 선순환이 생겨난다. 그렇기 때문에 운이 좋아지는 사람들 곁에는 사람들이 많다. 또한 이 사람들과 함께 늘 웃음과 편안함이 넘쳐난다. 하지만 운이 나빠지는 사람은 필연코 사람을 피할 수밖에 없게 되고, 당연히 주변 사람들은 점점 사라지게 된다.

다섯 번째로 그동안 힘들었던 일들이 쉽게 풀려나가는 것을 경험하게 된다. 우리 조상님들은 백지장도 맞들면 낫다고 하셨다. 이는 분명 협동의 힘을 알려주기 위해서 하신 말씀이다. 어떠한 일이라도 여러 사람이 힘을 합치면 더 쉽게 해결할 수 있다. 하지만 운이 나빠지는 사람들은 주변에 사람이 없기에 아주 단순한 일도 계속 어려워지는 것이다. 이와 반대로 운이 좋아지는 사람들은 주변에 사람이 많다 보니 어렵게만 느껴지던 일들도 아주 쉽게 해결되곤 한다. 이러한 선순환이 점점 커지다 보면 처음에는 불가능한 일이라고 여겼던 일들도 나중에는 아주 쉽게 해결되는 것이다. 이렇게 운은 선순환과 악순환을 반복하며 점점 커져간다. 또한 운은 일정한 사이클을 가지고 우리 주변을 흘러 다니고 있다. 하지만 운이 우리에게 들어왔을 때 들어온 줄을 몰라서 놓치게 된다면 얼마나 아깝겠는가!

사주학은 유비무환有備無患, 즉 모든 것을 항상 준비하고 대비하자는 학문이다. 어려움이 오기 전에 미리 준비하고 대비해서 이 어려움을 최소화하도록 하자.

인맥이 곧
금맥이고 활맥이다

　당신은 스스로 인복이 좋다고 생각하는가? 세상은 혼자 살아갈 수 없다. 성공한 사람들에게 특별한 능력이 있어 성공했을 거라고 생각할 수도 있지만, 사실 절대 그렇지 않다. 이 사람들의 공통점은 인복이 좋다는 것이다. 인복만 좋다면 재벌까지는 못 되더라도 평생 남들로부터 부러움을 받는 당당한 삶을 살아갈 수 있다.

　인복은 쉽게 말해 이런 것이다. 하나의 힘은 아주 작고 미미하다. 그러나 수많은 사람이 모여 작은 힘들이 합쳐진다면, 그 하나하나에 미묘한 기세들이 모여서 처음 하나의 기세는 굉장히 큰 힘을 발휘할 수가 있다. 이게 바로 인복이 주는 힘이다.

그렇다면 인복이 좋은 사람과 좋지 않은 사람의 차이는 무엇일까? 그리고 과연 후천적인 노력으로 인복을 좋게 바꿀 수 있을까? 이에 대한 대답을 먼저 하자면, 얼마든지 가능하다. 사주학은 선천운보다 후천운을 훨씬 더 중요하게 여긴다. 지금부터 인복이 강해질 수 있는 방법에 관해서 알아보도록 하자.

성공하는 사람 주변엔 좋은 사람이 모인다

먼저 사주학에서는 인복과 인성을 동일한 것으로 여긴다. 이는 자신의 타고난 기세, 즉 일간을 돕는 오행을 말하는 것이다. 다시 말해 인성이 좋은 사람은 인복이 좋은 사람이며, 이는 곧 주변에 돕는 사람이 굉장히 많다는 의미이기도 하다. 그렇다면 인성의 기운에 문제가 있는 사람들은 과연 어떤 사람일까? 바로 주변에 자신을 힘들게 하는 사람이 많으며, 항상 사람들로부터 어려움을 겪는 사람이다. 또한 사주학에서는 인성이 곧 인복이라고 말하기도 하지만, 결과 운과 성취 운을 가리킨다고도 말한다. 그래서 인복이 없는 사람은 아무리 노력을 해도 그 결과물이 자신의 노력에 비해 따라주지 않는 것이다.

이제 왜 사주학에서 인복이 좋은 사람들이 부자가 된다고 말하는

지 이해가 가는가? 누구든 자신의 능력치에 비해 좋은 결과를 낸다면 큰 자신감을 얻을 것이고, 이것은 더 큰 성취로 이어질 것이며, 이로 인해 부자가 될 것이다. 그래서 사주학에서는 인성을 재물 운, 즉 재성財星보다 더 중요시하고 있는 것인지도 모른다. 그렇기에 앞서 언급했듯 사주학에서 "관인쌍청이면 백하불청"이라고 말하는 것이다.

성공하고 번영한 사람들은 사람을 가장 중요하게 생각하며, 그 누구도 인복 없이 성공할 수는 없다. 이를 귀인이라는 말로 표현하기도 한다. 이것이 바로 인복이 강해지는 방법이며, 주변에 귀인이 나타나는 방법이다. 그렇다면 인복이 강해지기 위해선 어떻게 해야 할까?

인복을 위해 가장 먼저 실천해야 할 것

첫 번째, 스스로 자신을 믿고 자신의 가치를 높이려고 노력해야 한다. 부자와 빈자의 대표적인 차이점을 꼽자면 자기 확신과 믿음이다. 부자들은 자신에 대한 자신감이 강하다. 사주학적인 측면에서 이는 일간이 강할 때 나타나는 현상이다. 일간이 강하다는 것은 곧 인성의 기운이 강하다는 것을 의미한다. 자신을 믿어야 한다. 다시 한번 말하지만 내가 나를 믿지 않는데 누가 나를 믿어주겠는가? 여러분은 모두 세상에 하나밖에 없는 아주 고귀하고 소중한 존재이다. 다만 지금 삶이 힘든 분들은 아직까지 자신의 능력을 발휘할 만한 기회를 얻지 못한 것이다. 자신을 위해 투자하라. 늘 자신을 소중히 여기고 가꾸어 나가야만 한다.

두 번째, 자신의 사주에서 부족한 부분을 반드시 보충해 주어야 한다. 서두에서 말했듯이 이는 마음가짐을 바꾸는 것만으로도 충분히 가능하다. 사주학에서는 세상 모든 사람의 마음을 자신감·열정·인내·치밀함·부드러움, 이렇게 다섯 가지로 나누어 구분하고 있다. 이게 바로 사주학에서 말하는 오행의 마음가짐이다. 물론 더 깊이 들어갈 수도 있으나 그렇게까지 하지 않아도 충분하다.

먼저, 스스로 자신을 한번 세밀하게 살펴봐라. 분명 무언가 한 가지라도 부족하기에 인성, 즉 인덕이 살아나지 못하는 것이다. 만약 인복이 부족하다면 앞서 말한 다섯 가지 마음 중에 부족함이 있다는 것일 테니, 이제 그 부족한 마음을 보완하려고 노력해 보도록 하라. 이 다섯 가지 마음을 다 가질 수 있다면 누구든 원하는 모든 것을 다 이루어 낼 수 있을 것이다. 하지만 인간이다 보니 전부 완벽하게 갖추기는 어려울지도 모른다. 항상 자신을 돌아보고 스스로 어느 부분이 부족하다는 것을 인지한 채 생각하고 반성하고 채워나가려고 노력한다면, 인성의 기운은 점점 늘어날 것이고 자연스레 주변에는 사람들이 모여들기 시작할 것이며 운이 살아나는 것을 느낄 수 있을 것이다.

인복을 얻으려면 언행을 바로 해라

세 번째, 항상 좋은 음식을 먹으면서 건강을 지키기 위해 노력해야 한다. 아마 거꾸로 생각해 보면 쉽게 이해될 것이다. 만약 여러분이라면 늘 몸이 약해 골골거리는 친구, 만날 때마다 컨디션 안 좋다고 짜증 내는 친구, 항상 인상을 찡그리고 있는 친구를 만나고 싶은가? 아마 절대로 아닐 것이다. 여러분이 건강해야 주변 사람들이 여러분을 만나러 오는 데 부담이 없다. 또한 건강은 세상 무엇보다 자신을 아껴주는 방법이다. 자신을 존중하기 위해서는 식은 음식이나 버리기 아까워서 억지로 먹는 음식에 미련을 가져서는 안 된다. 어쩌면 첫 번째 조건과 비슷할 수도 있지만 이게 바로 자신의 건강을 만들어 준다. 절대 함부로 막 먹어서는 안 된다.

네 번째, 늘 긍정적인 언어, 좋은 언어, 아름다운 언어만 사용하려고 노력해야 한다. 남의 뒷담화 같은 건 절대 해서는 안 된다. 여러 사람이 모이는 자리에서 분위기가 그런 식으로 형성되었어도, 그 뒷

담화를 듣는 사람은 '저 사람은 내가 없을 땐 내 욕도 똑같이 하겠구나' 하고 생각할 것이다. 뒤에서 남을 욕하는 행동은 스스로 내 얼굴에 침을 뱉는 어리석은 짓이라는 걸 명심해야 한다.

입은 화를 얻는 기관이기도 하고 또 복을 얻는 기관이기도 하다. 아름다운 말만 하려고 노력하라. 당신의 주변 사람들은 당신의 언어로 당신을 평가하려고 할 것이다. 또 은연중에 그에 따른 여러분의 등급을 매기고 있을 것이다. 여러분이 계속해서 싸구려 언어만 사용한다면, 주변 사람들은 절대 여러분을 존중하지 않을뿐더러 오랜 인연을 쌓아가려고 노력하지 않을 것이다. 인간관계에서 가장 소중한 것이 언어라고 말하는 이유가 바로 이 때문이다. 또한 이것이 우리 조상님들이 말을 함부로 하는 사람과는 인간관계도 맺지 말라고 하셨던 이유인 것이다.

마지막으로, 항상 많은 사람을 만나려고 하라. 물론 이는 앞에서 언급한 네 가지가 전부 충족되었다는 전제하에서 하는 말이다. 인복은 사람을 만나야만 만들어지는 결과물이다. 그러니 반드시 먼저 주려고 노력해야 하며 늘 상대가 필요한 것이 무엇인지를 생각하는 사람이 되도록 해야 한다. 최소한 내가 하기 싫은 것을 남이 하기를 원하는 사람이 되어서는 안 된다. 옛말에 "기소불욕己所不欲이면 물시어인勿施於人하라"라는 말이 있다. 이는 내가 하기 싫은 것이라면 남들도 하기 싫은 것이고, 내가 받고 싶은 대우는 남들도 똑같이 받고 싶은 대우라는 뜻이다. 이렇듯 세상의 모든 만물은 반드시 내가 주체가 되어야 하고 내가 먼저 주어야만 똑같이 얻을 수가 있다. 만일 자신의 인간관계가 만족스럽지 않다면 이는 항상 먼저 받으려고만 했기 때문일 것이다. 먼저 주라. 그렇다면 반드시 주변에 사람들이 하나둘 모이는 게 느껴질 것이다. 예컨대 만약 당신이 마음을 털어놓을 수 있는 친구가 생기길 원한다면 당신이 먼저 그런 사람이 되어주어야 한다. 그렇게만 한다면 당신 주변에는 이런 친구들이 무수히 모여들 것이고, 자연스레 인덕과 인복은 상승할 것이며, 늘 당신을 도우려는 친구들이 가득할 것이다. 이렇게만 한다면 필연적으로 여러분이 하는 모든 일은 성취와 성공으로 이어질 수밖에 없다.

부모에서 자식으로 이어지는
운명의 대물림

거울 속의 나는 과연 누구일까? 바로 여러분의 자녀들이다. 그들은 당신의 훈육에 의해 지금의 길을 걷고 있다. 만약 그들이 행복하게 사랑받고 효도하면서 잘살고 있다면, 이는 당신이 그렇게 살아온 것이고 이를 자식들에게 잘 보여준 덕분이다. 이와 반대로 그들이 지금 힘든 삶을 살아가며 가정에 충실치 못하고 부모의 기대에 어긋나게 살아가고 있다면, 이 역시 여러분이 그렇게 살아온 것이며 그러한 모습을 보여주었기 때문이다. 전부 여러분의 교육이 만들어 낸 것이다. 사실 자녀들의 가치관이나 분별력, 판단력, 의지력 등은 대부분 당신의 모습을 보면서 형성되었고, 당신의 행동에 의해 음으로든 양으로든 만들어진 것이다.

사주학에서는 한 사람의 사주를 판단하기 위해서는 반드시 부모의 사주와 함께 판단하라고 말한다. 자식의 운명에 가장 절대적인 역할을 하는 것이 바로 부모이기 때문이다. 우리 조상님들은 "황금만영黃金萬籯이 불여교자일경不如敎子一經이오, 사자천금賜子千金이 불여교자일예不如敎子一藝"라고 해서 자녀의 훈육을 강조하셨는데, 이는 자녀에게 아무리 많은 재물을 물려주어도 교육을 시키지 않으면 그 재물을 유지할 수가 없기 때문에 천금의 재물을 물려주는 것보다 바른 예법과 의식을 가르쳐 주는 것이 낫다는 의미이다. 또한 "언교불학言敎不學이고 행교실학行敎實學"이라고 했듯이, 말로 가르치는 것은 교육이 아니고 부모가 실제로 행동하는 것을 가르치는 것이 참교육이라고 했다.

세상에 절대로 늦은 것은 없다. 다만 행하는 자가 늦었다고 생각해서, 또 하지 않아서 실패하는 것이다. 이제부터라도 꼭 알아야 한다. 당신의 바른 모습, 바른 행동, 바른 말투가 자녀들의 인생을 바꾼다는 사실을 말이다.

제아무리 훌륭한 품종을 가진 독수리이면 뭘 하는가! 집 안에만 가두어 두고 먹이를 주어 사냥 습성을 잃게 만들며 드넓은 창공을 날 수 있는 날개에 근육을 만들어 주지 못하고 있는데 말이다. 당신의 자녀 역시 마찬가지이다. 아무리 좋은 사주와 기운을 가지고 태어나면 뭐 하는가? 당신의 잘못된 교육으로 인해 그들은 날개를 잃었고 부리가 꺾어버렸는데 말이다. 하여 우리 조상님들은 자식의 잘못은 모두 당신의 잘못이라고 하셨고 자식 대신 회초리를 맞아가며 그들을 길렀던 것이다.

자, 세상의 모든 반성은 인정에서부터 시작한다. 인정하지 않으면서 하는 반성은 말로만 하는 반성이니 반성이라고 할 수 없고 개선되어 좋아질 가능성 또한 전혀 없다. 지금 당신 자녀의 행복과 불행은 전부 당신의 잘함과 잘못함으로 만들어진 것이다. 만약 자녀들이 자신의 기운을 제대로 다 펼치지 못한 채 살고 있다고 생각되거든 당신의 잘못을 인정하라. 그리고 이제부터라도 제대로 된 자신의 습성을 만들어 보도록 하라. 그들은 틀림없이 당신을 보며 자신을 느끼게 될 것이고 새로운 모습으로 변해가게 될 것이다. 이제부터 당신이 자녀들에게 절대로 보여서는 안 되는 행동과 반드시 보여줘야 되는 행동에 관해서 알려드리도록 하겠다.

자식복을 죽이는 말버릇

첫째, 강요하지 마라. 무슨 일이든 본인이 스스로 느껴서 행동해야 그 결과도 좋아진다. 남이 하라고 해서 하는 행동은 절대 좋은 결과를 만들어 낼 수 없다. 아주 단순한 경우를 예를 들면, 집안 청소나 방 청소를 하라고 말로만 시키지 말고 직접 청소를 해보라. 또 공부하라고 말로 하기보단 소파에 앉아 책을 읽는 모습을 보여주어라. 이를 본 자식들은 아무리 나이가 있더라도 반드시 같이 따라 하게 될 것이다. 하지만 자기는 하지도 않으면서 자녀들에게 그렇게 하라고 명령만 한다면 그들은 절대 따라 하지 않을 것이고, 밖에 나가서도 스스로 찾아서 행동하는 자발적인 모습을 보이기 힘들 것이다. 또한 이런 자녀들은 친구나 동료로부터 좋은 평가를 받기 어려울 것이고, 주변 사람들의 도움을 받아 성공하는 일도 없을 것이다.

둘째, 남 탓하지 마라. 그 사람과 함께 만들어 낸 결과물이 얼마나 안 좋든 간에 그 사람을 만난 것은 당신이다. 남을 탓하는 모습은 누구나 배우기 쉬운 가장 나쁜 습성이다. 자녀는 부모의 등을 보고 자란다고 한다. 분명 당신이 누군가를 비난하는 모습을 본다면 그들 역시 누군가를 비난하는 사람으로 변해갈 것이며, 당신이 남 탓하는 모습을 보인다면 그들 역시 항상 남 탓을 하는 사람으로 변해갈 것이다. 더욱이 만약 당신이 배우자를 비난하는 사람이라면, 이를 보고 자란 당신의 자녀들은 직장에 나가서도 다른 동료 탓을 하게 될 것이고 친구들과의 모임에서도 다른 친구의 탓을 하게 될 것이며, 더 나아가 나중에 가정을 이루어서도 화목과 행복을 얻지 못할 것이다. 나아가 이러한 행동을 계속하면 절대 인복을 얻지 못할 것이다.

셋째, 자식이 보는 앞에서는 절대 거짓말을 하면 안 된다. 이를 본 당신의 자녀는 분명 당신을 따라 할 것이고, 이러한 행동으로 인해서 나중에 더 큰 위기를 맞이하게 될 것이다. 당신의 생각보다 사람들은 똑똑하고 현명하다. 다시 말해, 정도가 아닌 얕은수는 누구나 금방 알아보며 거짓말에 두 번 세 번 속는 사람은 없다는 말이다. 당신의 분별없는 거짓말들이 자녀의 앞길을 막아버릴 수도 있다.

부모의 말을 먹으며 자라는 자식들

이제 자식 복을 살리기 위해 어떤 말투를 써야 하는지 알려드리도록 하겠다.

가장 중요한 첫 번째는 단호한 어투를 쓰는 것이다. 이는 자녀들의 결단력을 길러주는 최고의 방법이다. 좋은 것, 싫은 것, 해야 할 것, 하지 말아야 할 것에 관한 명확한 구분과 결단하는 모습을 자녀에게 확실히 보여줘야 한다. 당신이 단호한 어투를 보여준다면 노후에도 자식들은 절대 당신을 막 대하지 못할 것이다. 이래도 좋고 저래도 좋은 우유부단한 모습을 자녀들에게 보여주는 것은 최악이라고 할 수 있다.

두 번째는 긍정의 말투와 이해하는 말투를 쓰는 것이다. 긍정적인 자세는 성공을 위한 필수 요건이다. 항상 모든 것을 긍정적으로 바라보는 습관을 가지고 그 부분을 자녀들에게 몸소 보여줘야 한다. 누군가 잘못하더라도 너그러이 이해해 주고, "저 사람도 틀림없이 어쩔 수 없는 사정이 있을 거다"라고 말하는 이해심 많은 모습을 보여주어라. 만약 당신의 자녀가 많은 이에게 사랑받는 사람이 되기를 원한다면, 당신이 먼저 그렇게 행동한 후 그 모습을 보여줘야 한다. 물론 앞서 말한 단호한 결단력이 동반되지 않은 채 이해심만 있다면 흐리멍덩한 사람이 되겠지만, 단호하고 결단력 있는 모습과 함께 이해심까지 있다면 다정다감하고 넓은 아량을 가진 사람이 될 것이다. 당연하게도 모두가 이런 사람을 곁에 두고 싶어 할 것이다.

세 번째는 사과하는 말투를 쓰는 것이다. 잘못을 했다면 당신이 먼저 사과하는 모습을 보여줘야 한다. 몇 년 전, 인기리에 방영되었던 〈낭만닥터 김사부〉라는 드라마가 있다. 극 중 나이 많은 간호사가 어린 환자에게 자신의 나이답지 못한 행동을 사과하는 장면이 나왔는데, 그 장면은 수많은 시청자에게 최고의 명장면으로 회자되었다. 이 장면이 명장면으로 꼽힌 이유는 먼저 사과하는 행동이 상대에게 감동을 주는 행동이기 때문이다. 당신의 자녀가 이러한 마음을 가지게 된다면 많은 이에게 추앙받고 존경받는 사람이 될 것이다. 또한 그 모습은 당신으로부터 배운 것이니 그들이 자신의 부모를 추앙하고 존경하는 자녀가 될 것임은 자명한 사실이다. 이 세상에 자식의 성공을 바라지 않는 부모는 없다. 하지만 남에게 손가락질을 받으며 남을 짓밟고 비겁한 방법으로 성공하길 원하는 부모 역시 없을 것이다.

공생은 아버지 어머니로부터 시작된다

지금껏 사회나 직장에 적응하지 못해 고통받거나 스스로 불행하다고 생각하는 사람들을 상담해 본 결과, 그 사람들에게는 공통적인 문제점이 하나 있었다. 그들은 공통적으로 세상 모든 것을 자기 입장에서 바라보고 자기만 생각하는 버릇을 가지고 있었다. 하지만 성공한 사람들, 부자인 사람들, 행복한 삶을 사는 사람들은 자신을 조금씩 희생하여 다 같이 공생하려는 마음을 가지는 경우가 많았다. 그리고 이러한 차이는 대부분 그 부모에 의해서 형성된 것이었다. 부모가 이러한 마음을 가지지 못한다면, 자식 역시 마찬가지이다. 그러므로 자녀의 앞날을 진정 행복하게 만들어 주고 싶다면, 당신 스스로 이러한 마음을 가지는 것 그리고 그것을 몸소 보여주는 것이 유일한 길이다.

배우자 궁합이
왜 중요할까?

우리 인생에서 가장 중요하며 모든 사람이 가장 궁금해하는 복은 무엇일까? 아마 대부분이 재물 복이나 배우자 복이라고 말할 것이다. 하지만 이 복들이 정해진 복이 아니라 스스로 만들어 나가는 복이라는 사실을 아는 사람은 극히 드물다. 앞으로 언급할 내용은 배우자 복을 만드는 풍수법, 사주학 그리고 관상법에 관한 이야기이다.

사실 사주학은 궁합의 이론이다. 음이라는 당신에게 양이라는 타인이 결합하면서 새로운 하나의 결합체가 만들어지고, 이것이 당신의 인생을 만든다는 원리가 바로 사주학이며 음양론이다. 이는 과학이나 예술 등의 모든 학문에 전부 성립하는 이론이다. 제아무리 좋은 악기가 있더라도 능력이 없는 사람에게는 무용지물이며, 제아무리 좋은 노래가 있더라도 그 노래를 부르는 사람에게 능력이 없다면 노래가 그냥 묻히지 않겠는가? 당신의 삶 역시 마찬가지이다. 오랜만에 동창회를 가보면, 학창 시절에는 보잘것없었던 친구가 배우자를 잘 만나 환골탈태한 모습을 종종 볼 수 있다. 하지만 사실 이 배우자는 내가 만든다는 것을 다들 잘 알지 못한다. 예컨대 내가 건강하면 암세포가 생기더라도 그것이 살아나지 못하지만, 건강하지 않다면 좋은 세포도 병든 세포로 변해버리는 것과 같은 이치로 생각하면 되겠다.

배우자가 나의 운명을 결정한다

이제 배우자 운을 살리는 방법에 대해서 알려주도록 하겠다.

첫 번째, 가장 먼저 알아야 할 것은, 배우자 운이 바뀌지 않으면 절대 당신의 운명이 바뀌지 않는다는 점이다. 운동회나 야유회 등에서 이인삼각 경기를 해본 적이 있는가? 아마 해본 적은 없더라도 어떤 식으로 하는 건지는 알고 있을 거라 생각한다. 누구라도 이 경기를 생각하면 하나둘, 하나둘 하면서 서로 발을 맞춰가며 달려가는 모습이 떠오를 것이다. 인생은 두 사람이 한 몸으로 달려가는 이 경기와 아주 흡사하다. 절대 배우자가 넘어져서는 안 되며 내가 빨리 달릴 수 있다고 혼자 달려 나가서도 안 된다. 하여 우리 조상님들은 부부는 서로 닮아가야 한다는 말씀도 하셨던 것이다. 하지만 정말 많은 분이 부부는 인생 공동체라는 사실을 잊고 산다. 내가 편하면 배우자가 힘들고 내가 조금 불편하면 배우자가 편해진다는 바로 그 사실을 말이다. 항상 마음속에 어떻게 하면 내 배우자가 조금 더 대우받는 사람이 될 수 있을까, 조금 더 편해질 수 있을까 하고 생각하는 당신이 되어라. 여기서 중요한 건, 이는 배우자를 위한 것이 아니라 당신을 위한 것임을 꼭 알아야 한다는 점이다. 이것이 바로 성공의 기본 원리이다. 아마 전 세계의 성공한 수많은 사람 뒤에는 반드시 본인보다 훨씬 더 훌륭한 배우자가 있다는 사실만으로도 충분히 설명이 될 것이다.

두 번째, 나의 말이 배우자의 능력을 바꾼다. 우리는 행동과 말에 참 인색한 경향이 있다. 그리고 특히 자신의 배우자한테 더욱 그렇다. 자기 아내나 남편에게 함부로 하는 사람이 타인에게 좋은 대우를 받거나 사회적으로 성공을 하는 경우는 없다. 그러한 행동은 평소 습관에서 비롯된 것이기에 밖에서도 드러날 가능성이 크기 때문이다. 이러한 습관이 당신의 인생을 실패로 이끄는 것이다.

항상 자신의 배우자에게 존중과 존경의 말을 하라. "당신이 하는 일은 틀림없어", "당신이 결정하는 일은 뭐든 틀림없으니까 당신 결정대로 해"라는 식으로 서로의 기를 살려주는 말을 하고 살아가도록 하라. 그래야 당신이 성공하고 번영하게 되고 행복해지는 것이다. 꼭 명심하라. 아내를 쉽게 하는 사람이, 또 남편에게 막말을 하는 사람이 성공하고 행복해지는 경우는 절대 없다는 사실을 말이다.

상학과 사주학에서 보는 배우자 운 살리는 방법

세 번째로 상학에서는 배우자 운을 이렇게 살린다. 번영을 하고 싶다면 항상 배우자의 손을 잡아야 한다. 걸어 다닐 때도 손을 잡고 잘 때도 손을 잡으라. 그리고 하루에 열 번만 아내의 눈을 보고 또 남편의 눈을 바라보아라. 아마 대부분의 사람이 관상은 정해져 있는 것이라 절대 변하지 않는다고 생각하겠지만 이는 사실과 다르다. 관상도 변한다 물론 운이나 복을 얻는 최고의 관상은 바로 미소가 은은히 지어지는 관상이다. 이 미소는 세상 모든 것을 다 이루는 수단이기에 하늘이 당신에게 내린 만능열쇠와도 같은 것이다. 하여 우리 조상님들은 웃는 얼굴에 침 못 뱉는다는 말씀을 하셨던 것이다. 항상 남편을 미소 짓게 하라. 또 아내를 미소 짓게 하라. 이 미소가 습관이 되면 배우자의 삶을 바꾸며 당신의 삶 또한 바뀌는 것이다. 손을 잡고 걸어가는 부부의 얼굴에는 항상 미소가 가득하다. 아마 실제로 5초만 서로 얼굴을 지긋이 바라본다면 웃음이 나오는 경험을 하게 될 것이다. 이것이 바로 상법相法에서 말하는 행복을 만들고 번영을 만드는 최고의 수단이다.

네 번째로 사주학에서는 배우자의 운을 이렇게 살린다. 사주학에서는 "음은 고정이어야 하며 양은 항상 움직여야 한다. 그리고 이것이 강해질수록 번영하게 된다"라고 말한다. 여기서 말하는 음과 양은 성별과는 관계가 없다. 성별에 상관없이 당신이 음이며 배우자는 양이다. 그렇기 때문에 늘 배우자의 말은 끝까지 들어주어야 한다. 배우자의 말이 곧 양의 활동이니 절대 중간에 끊지 말고 끝까지 들어주어라. 그리고 다 들은 후에 당신의 생각을 말하라. 음과 양은 서로의 영역을 침범하지 않고 균형을 이루며 조화로울 때 그 기운이 가장 강해진다. 이것이 지켜지는 가정에서는 다툼과 갈등이 생겨날 수가 없다. 서로의 이야기를 끝까지 들어주지 않으려고 할 때 다툼이 생기고, 이것이 불화와 불행으로 이어지는 것이다. 이렇게 가족 간에는 다툼이나 갈등이 절대 생기지 않아야 한다는 것이 바로 사주학에서 말하는 번영을 위한 첫 번째 수단이다.

사주명리학이
점술이나 미신이 아닌 이유

사주학과 음양오행론은 중국에서 만들어진 것이다, 라고 말하는 바보 같은 사람들이 있다. 아마 여러분들 중에도 이런 사람이 있을지도 모른다. 그럼 왜 사주학은 중국에서 만들어진 것이 아니며 왜 절대 이런 소리를 해서는 안 되는 것일까? 우리의 역사는 모든 연도가 간지干支로 표현이 되어 있다는 것을 알고 있는가? 자, 일본이 조선시대 우리를 침략한 전쟁은 임진왜란壬辰倭亂과 정유재란丁酉再亂이다. 중국이 우리를 침략한 전쟁은 병자호란丙子胡亂과 정묘호란丁卯胡亂이다. 조선의 4대 사화를 우리는 무오사화戊午士禍 갑자사화甲子士禍 기묘사화己卯士禍 을사사화乙巳士禍라고 말한다. 여기에서 임진壬辰, 정유

丁酉, 정묘丁卯, 병자丙子와 무오戊午 갑자甲子 기묘己卯 을사乙巳가 바로 간지인 것이다. 이렇듯, 우리의 역사는 간지로 표현이 되어 있다. 그런데 이것이 비단 조선에서만 그러한 것일까?

사주학과 음양오행학은 과연 중국에서 왔는가?

우리 민족 최고의 왕이라고 불리고 있는 광개토태왕과 그의 업적을 기리는 비석인 광개토태왕비에 대해 모르는 사람은 없을 것이다. 이 비석에는 이런 내용이 나와 있다.

제위 13년 갑진甲辰년에 왜가 대방에 침입을 하여...... 제위 17년 정미丁未년에 군사 오만을 보내어...... 제위 20년 경술庚戌년에 정벌군을 이끌고......

여기에서 말하는 갑진甲辰, 정미丁未, 경술庚戌이 바로 간지다. 신라의 임신서기석壬申誓記石*역시 임신壬申이 바로 임신년을 말하는 간지인 것이다. 하지만 이 시기에 중국에서는 간지를 사용하지 않았으

_____

* 두 화랑이 임신(壬申)년에 자신들의 의지를 다짐한 비석

며 명나라, 청나라 시대에도 간지를 사용한 기록이 없다. 기록에 따르면 그들이 최초로 간지를 사용했던 것은 일제 강점기 공산당 혁명 시기의 신해 혁명에서였다. 한국인이라면 누구라도 중국이 고구려의 역사가 자기들의 역사이며, 과거 우리의 모든 역사가 자기들의 예속된 문화 속에 만들어졌다는 동북공정을 주장하고 있다는 것을 알고 있을 것이다. 하지만 중국이 만약 그들의 주장대로 우리를 자신들의 변방국으로 삼고 있었다면 그들과 우리가 사용하는 연도 표기 방식이 달랐을 리가 없다. 따라서 그들은 사주학이라는 학문을 자신들의 나라에서 만들었다는 거짓말을 하고 있는 것이다. 왜냐면 사주학은 모든 것을 간지로 표기하며 해석을 하기 때문이다.

사주학이 중국의 것이라면 광개토대왕비의 연도 표기 방식이 자기들의 것이라고 우기는 것과 다름없다. 그러니 절대 사주학과 음양오행학은 중국의 것이 아니라는 말이다. 중국에는 당사주唐四柱니, 자미두수紫微斗數니, 육임六任이니 하는 식의 점술만이 있을 뿐이며 우리와 같은 학문적인 체계가 아예 없기 때문이다.

물론 누군가는 이런 말도 할 것이다. 중국도 사주학에서 말하는 '띠'라는 것이 있으며 설 명절을 가지고 있다고 말이다. 하지만 이는 동양의 불교를 믿는 동양의 모든 나라에 있는 것이다. 하물며 베트남에도 태국에도 띠와 설 명절을 가지고 있다. 이것이 바로 사주학,

음양오행학을 중국에게 뺏기면 안 되는 이유이다. 이것을 지키지 못하면 우리의 역사를 빼앗기게 되는 것과 마찬가지인 것이다.

점술도, 미신도 아닌 사주학과 음양오행학

사주학과 음양오행학이 점술이고 미신이라는 생각을 가진 사람도 많다. 그런데 아마 이런 말을 하는 사람들치고 한의원에 가지 않는 사람은 없을 것이다. 한의원의 한의사들이 대학에서 내내 배우는 것이 바로 음양오행학이다. 심지어 한의학의 필수서적인 동의보감 또한 음양오행학을 기반으로 하는 학문이다. 세계 최고의 언어이자 과학적 체계를 기반으로 하는 한글 또한 음양오행학을 토대로 만들어진 것이다.

우리의 학문적 풍수학과 중국의 풍수학은 완전히 다르다. 우리의 풍수학은 사람이 살기 가장 적절한 장소를 찾기 위한 학문으로, 양택* 위주의 학문이지만 중국의 풍수학에는 양택이 없다. 죽은 자의 집을 찾는다는 구실의 음택만이 있을 뿐이다. 그럼 왜 중국은 음택이 필요했을까? 사실 중국이라는 나라는 소수의 한족이 다수의 이

---

* 풍수지리에서, 살아 있는 사람의 집터를 이르는 말. 특히 개인의 주거 건조물을 의미한다.

민족을 점령하고 복속하여 만들어졌기에 항상 반란의 위험이 있었으며, 때로는 이민족이 나라를 무너뜨리기도 했었다. 때문에 수많은 전쟁이 있었고 이로 인해 각 지역의 산천山川을 표시할 필요가 있었다. 이를 위해 풍수학이라는 핑계를 대고 지도를 제작했던 것이다. 하지만 우리 민족은 전쟁을 위해서가 아니라 사람들이 가장 살기 좋은 곳을 찾기 위해, 또는 전쟁이 날 경우 가장 안전한 곳으로 대피를 하기 위해 양택이 필요했다. 이에 따라 편리와 생활을 위주로 한 양택, 즉 학문적인 풍수학이 필요했던 것이다. 그렇기 때문에 풍수학역시 우리의 학문이라고 말할 수 있다. 이러한 풍수를 적용한 대표적인 건물이 한양의 경복궁으로, 이는 우리 사주학 풍수학의 시조인 정도전의 설계이기도 하다. 또한, 조선에서는 풍수학을 기반으로 재난과 천재지변이 있어도 안전을 보장할 수 있는 십승지十勝地를 정감록鄭鑑錄이나 격암유록格庵遺錄 등에 기록하기도 했다. 그런데 이것이 일제 강점기 시절 왜곡되어 허황된 정도령鄭道令*과 같은 식의 이야기로 둔갑하게 된 것이다.

---

* 조선 후기, 민간에서 유행한 가상 인물로, 조선이 망하면 계룡산에 새로운 나라를 세울 사람이라고 한다.

칼은 어떻게 사용하느냐에 따라
흉기도, 요리 도구도 될 수 있다

　사람을 해치기 위해 칼을 사용하면 흉기가 되지만 요리를 위해 칼을 사용하면 요긴한 물건이 된다. 난폭하고 매일 술을 먹는 사람이 자동차를 몰게 되면 흉기가 될 수 있지만 보통 사람들에게는 편리한 문명의 이기다. 세상 모든 것들이 그러하다. 풍수학이나 사주학 역시 마찬가지다. 일본에서 왜곡한 엉터리 점술이 사주학인 것처럼 받아들여지고 있기 때문에 사람들이 사주학을 점술로 여기게 된 것이지, 사주학과 음양오행론은 본래 점술이 될 수 없는 것이고 되어서도 안 되는 것이다. 우리의 사주학에서는 선천운인 사주보다 후천운인 본인의 마음가짐이나 부모님, 배우자를 더욱 중요하게 생각한다. 그렇기 때문에 앞서 간략하게 말했듯 퇴계 선생님이 쓰신 《성학십도》의 태극도太極圖에도 이런 글이 남아 있을 수 있는 것이다.

　　건도성남乾道成男이요 곤도성녀坤道成女이니 음양일합후陰陽一合後라야 만물화생萬物化生
　　하늘은 양의 이치를 만들었고 땅은 음의 이치를 만들었으니 이 둘이 합쳐진 후라야 세상의 모든 일이 만들어 진다.

다시 강조하지만 궁합이 사주학이며 본인의 사주 하나만으로는 절대 어떠한 것도 판단할 수 없는 것이다. 세상 모든 일은 본인의 사주인 음陰에 후천운인 양陽이 결합되어 이루어진다. 사주에 관심을 가지고 있는 자라면 이 점을 명심해야 할 것이다.

2장

| 관상 |

재물이 붙는 얼굴, 나가는 얼굴

"내가
부자가 될 상인가?"

당신은 지나가는 누군가를 보면서 '멋있다', '잘생겼다' 같은 생각을 해본 적 있는가? 물론 있을 것이다. 그럼 그분의 얼굴을 기억하는가? 아마 대부분은 기억하지 못할 것이다. 기억에 남는 얼굴과 남지 않는 얼굴이 따로 있듯이 이목구비가 뚜렷한 얼굴과 조화로운 얼굴 또한 따로 있다.

아마 잘생긴 사람 이야기가 나오면 대부분이 "눈이 크고 잘생겼어", "코가 멋있게 생겼어", "입이 예쁘게 생겼어"라며 이목구비에 관한 것만 생각할 텐데, 이런 부분적인 이목구비는 서로 잘 알고 있는 상태에서나 자세히 볼 수 있는 것이다. 가장 중요한 건 이목구비의 조화다. 이목구비는 전체적인 조화를 판단해서 보는 것이기 때문에 위에서 언급했던 '멋있다' 같은 이미지와는 전혀 다르다. 그래서 성형을 한다고 해서 운이 달라지는 것은 아니라고 말했던 것이다.

부티나는 첫인상

그럼 어떻게 해야 할까? 바로 피부에 윤기가 나도록, 밝고 화사한 얼굴이 되도록 그리고 생기 있는 얼굴이 되도록 만들어야 한다. 가장 먼저 이야기할 것은 윤기 나는 피부다. 상학에서뿐만 아니라 현대 인상학에서도 얼굴에 윤기가 나면 훨씬 젊어 보인다고 말한다. 피부가 푸석푸석하고 윤기가 없고 늘어지거나 피곤해 보인다면 사람들이 좋아할 리가 없다. 물론 관상학이나 인상학이나, 결국은 사람의 눈으로 보고 판단하는 것이 아니겠는가. 부티가 난다고 하는 얼굴을 한번 떠올려 보라. 과연 앞서 말한 푸석푸석한 피부, 피곤해 보이는 윤기 없는 피부를 가진 얼굴과 연결이 되는가?

상학에서도 피부에 윤이 나지 않으면 절대 성공할 수 없다고 말한다. 텔레비전에 나오는 유명한 연예인들을 보면 피부에서 윤이 난다. 그들도 처음부터 그랬던 것은 아니다. 성공한 이후에 윤이 나기 시작했다. 또 성공한 부자들이나 유명한 정치인들의 얼굴도 한번 보

라. 피부가 반들반들하다 못해 빛이 반사될 정도이다. 이렇게 화장을 하라. 깨끗하게 광이 나게 말이다. 틀림없이 주변 사람들의 반응이 완전히 달라질 것이다. 물론 선호하는 사람의 얼굴과 생김새는 취향에 따라 차이가 있지만, 피부에 윤기가 나는 것을 싫어하는 사람은 없다.

또한 심리학에는 '첫인상 효과'라는 것이 있는데, 이는 자신도 모르게 굳혀진 그 사람의 이미지로 인해 향후 행동까지 판단하게 된다는 이론이다. 심리학에서도 첫인상을 좋게 만드는 최고의 수단으로 윤이 나는 피부를 꼽는다.

얼굴은 마음의 거울이다

다음으로는 밝고 화사한 얼굴이다. 우리는 어쩌다 연예인을 마주치면 꼭 이런 말을 한다. "연예인답다.", "역시 연예인이다." 우리는 무엇을 보고 이런 말을 하는 걸까? 또 연예인처럼 밝은 얼굴을 가지기 위해서는 어떻게 해야 하는 걸까? 아주 쉬운 것인데도 연예인들의 얼굴에 항상 보이는 이것을 우리는 쉽게 떠올리지 못한다. 바로 우아하고 품위 있으며 부드러운 미소 말이다. 현대 심리학적으로도 미소를 띤 얼굴이 그렇지 않은 얼굴보다 호감도가 훨씬 높다고 수도 없이 발표되었다. 항상 상대에게 은은한 미소를 보여주어라. 이것이 바로 운을 얻는 최고의 수단이다.

마지막으로 생기 있는 얼굴이다. 누구나 이런 말 한번은 해본 적 있을 것이다. "무슨 일 있어?", "얼굴이 왜 이렇게 힘들어 보여?", "무슨 좋은 일이 있어?", "얼굴에 생기가 도는데" 이렇게 말이다. 과연 무엇을 보고 이 사람이 힘든지 지금 좋은 일이 있는지 판단을 했을까? 바로 얼굴이다. 얼굴에는 우리의 마음이 다 드러난다. 그리고 얼굴로 사람의 마음을 판단하는 경우는 이것 말고도 많다. "음흉해 보이는데", "끼가 많아 보이는데", "사람 착해 보이는구면" 따위의 말들 역시 전부 얼굴로 마음을 판단하는 것이다. 그럼 마음이 활기차고 자신감이 있다면, 또 즐겁다면 이것 역시 얼굴에 반드시 나타나지 않을까? 물론 이다. 그렇기에 상학에서도 생기 있는 얼굴, 사기邪氣 있는 얼굴이라고 구분하는 것이다. 항상 긍정적으로 생각하라. 모든 것을 좋게 보려고 노력하고 절대로 나쁜 마음을 먹지 마라. 그래야 얼굴에 생기가 돌고 운도 트이게 된다.

작고 사소한 변화가 운명을 바꾼다

주변을 한번 둘러보라. 어느 누가 죽을상을 하고 있거나 힘이 없어 얼굴이 푹 삭아있는 사람과 친해지고 싶어 하겠는가? 운은 항상 자신의 마음에 의해 만들어지고, 이 마음은 좋은 운이 생성될 때 가장 먼저 얼굴에 나타난다. 하여 상학에서는 운이 다해지는 사람, 운이 하강하는 사람, 죽음의 그림자가 드리워지는 사람은 미간과 이마, 광대에 어두움이 생긴다고 하고, 운이 살아나는 사람, 이제 번영할 사람은 미간과 이마, 광대에 서기瑞氣, 즉 빛이 나타난다고 하는 것이다. 하지만 꼭 알아야 할 것이 있다. 바로 이목구비의 모양과는 큰 상관이 없다는 점이다. 이를 상학에서는 찰색察色이라고 표현하는데, 이는 얼굴의 빛과 색을 보고 그 사람의 운과 병을 판단하는 것이다. 그렇기 때문에 운이 트이고 싶다면, 부자가 되고 싶다면 먼저 당신의 얼굴을 운이 들어오는 얼굴로 바꾸어야 한다. 물론 처음에는 어렵겠지만 이를 습관화한다면 분명 모든 운을 다 얻을 것이며 부귀와 공명 또한 얻게 될 것이다. 사람의 운명을 과연 어떤 것이 갈라놓겠느냐고 생각할 수도 있지만, 분명한 것은 아주 작고 사소한 무언가가 변화를 만들며 이 작은 변화만으로도 여러분의 운명은 좋아질수 있다는 점이다.

천운이 들어오면
이마부터 밝아진다

인생에 서광曙光이 보인다는 말을 들어본 적 있을 것이다. 이 '서광'이라는 말은 글자 그대로 상서로운 기운, 즉 빛을 말한다. 삶이 변할 때, 즉 운이 좋아질 때나 나빠질 때는 반드시 그 징조가 보이고 이것은 제일 먼저 얼굴에 나타난다. 가장 먼저 스스로 그 기운의 변화를 판단해야 하기 때문에 항상 집 안에 거울을 밝고 깨끗하게 두어야 한다. 늘 자신의 얼굴을 살펴보라. 분명 매일매일 변하고 있는 자신의 얼굴을 발견하게 될 것이다. 이제부터 이야기할 변화들이 생긴다면 이제부터 당신의 삶에는 좋은 운들이 만들어질 것이며 큰 번영이 만들어지기 시작할 것이다.

한눈에 알아차릴 수 있는 운의 징조

첫 번째로 좋은 운이 들어올 때는 가장 먼저 이마가 밝아지기 시작한다. 이마는 우리 몸 중 천기가 제일 먼저 흡수되는 곳이고, 천기가 좋은 운이나 나쁜 운으로 변화하는 첫 번째 관문이라 할 수 있다. 그렇기 때문에 삶이 어려워지면 이곳이 제일 먼저 탁해지거나 어두워지며, 반대로 삶이 좋아지면 이곳이 제일 먼저 밝아지거나 깨끗해지는 것이다. 그래서 나는 늘 세안이나 샤워를 할 때 이마를 한 번씩 더 씻곤 한다. 여러분도 세안을 하거나 화장을 할 때 이마를 한 번씩 더 깨끗하게 씻고 가능한 더 투명하게 밝히려고 노력해 보라. 상은 타인이 보고 느끼는 것이다. 주변 사람들이 하는 "얼굴 좋아졌네", "얼굴이 환해졌네"라는 소리는, 사실 얼굴 전체를 보고 하는 말이 아니다. 이마를 보고 하는 소리이다. 이마가 얼마나 깨끗하고 밝은지가 바로 여러분의 안색을 만드는 것이다. 그래서 상학자들은 '얼굴이 밝아졌다' 같은 말을 들으면 대운이 들어올 징조라고 말하곤 한다.

두 번째로 눈에 부드러움이 생기기 시작한다. 삶이 어려워질 사람은 눈이 탁해지거나 거침이 있고 살기가 생겨나고, 반대로 삶이 좋아질 사람은 눈에 부드러움과 선함이 생겨난다. 눈은 당신의 마음이 겉으로 나타나는 곳이다. 현대 인상학자들 역시 눈이 얼굴의 인상에 반 이상을 차지한다고 말하기도 하며, "저 사람 이미지 좋다", "인상 참 좋다"라는 표현은 사실 눈이 선하다는, 부드럽다는 표현이라는 것이다. 눈은 바로 당신이 세상을 바라보는 그 마음이다. 다시 말해 당신이 세상을 긍정적으로 보기에 당신의 눈이 아름답고 부드럽게 보이는 것이며, 당신이 세상을 부정적으로 보기에 당신의 눈이 거칠고 날카롭게 보이는 것이다. 큰 운을 얻으려면 늘 세상을 부드럽고 편안하게 보려고 노력하라. 이러한 마음을 가지게 된다면 분명 당신의 눈은 부드러워질 것이고, 당신의 삶은 변해가기 시작할 것이며, 어느 순간 완전히 달라져 있는 당신의 삶을 발견하게 될 것이다.

세 번째로 입에 편안함이 보이기 시작한다. 우리 조상님들은 입은 보물 창고라고 말씀하셨다. 또한 입은 만복萬福을 부르는 곳이기도 하고 만화萬禍를 부르는 곳이기도 하다고 말씀하셨다. 그리고 상학에서도 "입은 사람의 앞날을 측정하는 척도다"라며, 입이 편안해 보인다면 번영할 사람이며 입이 불편해 보이거나 움직임이 많다면 반드시 가난해지거나 불행해진다고 말한다. 그렇다면 편안한 입을 만들기 위해서는 어떻게 해야 할까? 방법은 아주 간단하다. 절대 입을 꼭 다물지 말아야 한다. 쉽게 말해 어금니를 꼭 깨물지 말라는 뜻이다. 운을 얻기 위해서는, 항상 입을 부드럽게 닫되 상악과 하악에 약간의 간격을 주는 습관을 가져야 한다. 이렇게 하면 절대 화를 낼수가 없으며, 만약 화가 나더라도 금방 풀릴 것이다. 어금니를 꽉 깨물지 않는 습관이 편안한 입을 만들며, 운이 살아나도록 만들 것이다. 이러한 형상에서는 절대 악한 소리, 독한 소리, 모진 소리가 나올 수 없다.

모양보다는 균형과 색

네 번째로 귀가 깨끗해지기 시작한다. 많은 사람이 귀가 크면 잘산다느니, 귀가 작으면 어렵게 산다느니 하는 소리를 하곤 한다. 하지만 사실 상학에서는 귀의 모양보다는 색을 더 많이 본다. 얼굴색은 혈액순환에 따라 불그스름하고 선명하게 보이기도 하지만 검붉고 탁해 보이기도 한다. 귀는 특히 더 그러하다. 그렇기에 여성의 경우 약간 늘어지는 귀걸이를 하는 것이 운이 좋아지는 하나의 수단이될 수도 있다. 귀걸이가 귓불을 긴장시켜 혈액순환이 더 잘 되도록해줄 테니까 말이다. 물론 욕심을 내어 너무 크거나 무거운 것을 하게 되면 오히려 혈액순환을 막아 탁한 빛이 나며, 이는 운이 더욱 나빠지도록 만든다. 그래서 시간이 날 때마다 귀를 한 번씩 만져주고문질러 주는 습관을 가지는 게 아주 중요하다. 이는 기운을 강하게 만들 뿐 아니라 간과 심장의 기운을 강화해 주는 행위이기도 하다. 그렇기 때문에 상학에서는 이러한 동작을 자신감을 살려주는 동작 이라고 하며 운을 살려주는 동작이라고도 말한다.

다섯 번째로 얼굴에 균형이 생기기 시작한다. 아마 누구라도 내가 말을 하고 있는 동안 상대가 나를 비웃고 있다는 것을 느끼게 되면 기분이 좋지 않을 것이다. 그렇다면 우리는 저 사람이 내 말을 비웃고 있다는 것을 어떻게 느끼고 알게 되는 걸까? 바로 상대의 삐뚤어진 눈과 입으로 알 수 있다. 사람은 무언가를 부정적으로 바라볼 때 한쪽 입꼬리가 올라가거나 내려가며 눈빛 역시 달라지기 마련이다. 하여 삶이 아주 어렵거나 고난 속에 있는 사람을 정면에서 바라볼 때 좌우가 약간 기울어져 있다는 것을 알 수 있다. 특히 그들의 눈이나 입, 어깨, 걸음걸이 등은 분명 틀어져 있거나 기울어져 있을 것이다. 그렇기 때문에 사람을 얻고 운을 얻기 위해서는 늘 좌우의 균형을 잡으려고 노력해야 한다. 이는 분명 당신의 체형이 좋아지도록 만들 것이며, 좋은 체형은 관상에 변화를 만들어 운을 얻을, 부자가 될 상으로 바꿀 것이다.

관상을 이기는
심상

상학에서는 천운을 얻는다는 최고의 상을 심상心相이라고 말하며, 이 심상을 다섯 가지로 나누어 구분하고 있다. 하지만 대부분은 관상에 대해서만 알고 신경 쓸 뿐, 심상에 관해서는 전혀 모르고 있다. 또한 이 심상에 관해 모르는 사람들은 관상에 대해서만 이야기하고 관상만 중요하다고 말한다. 그렇다면 관상이 과연 한 사람의 운명이나 성격을 완벽히 지배한다고 말할 수 있을까? 그렇지 않다. 그렇기에 사람들이 상학을 미신이라고 말하는 것이다. "아니, 생긴 게 그런 걸 어떡하라고? 내가 이렇게 생겨 먹고 싶어서 이렇게 생겼나? 부모님의 유전자가 그런 걸 어떡하라고!"라는 식으로 이야기하면서 말이다. 물론 나도 그렇게 생각한다. 그래서 정통 상학에서는 "사주불여 관상四柱不如觀相이요, 관상불여심상觀相不如心相"이라고 말하고 있는 것이며, 이는 사주가 아무리 좋아도 관상이 좋은 것만 못하고, 관상이 아무리 좋아도 심상보다는 못하다는 뜻이다.

또한 관상 역시 변상變相이라고 하여, 고정된 것이 아니라 그 사람의 마음가짐이나 행동, 주변 여건 등에 따라서 변한다고 이야기한다. 진짜 관상을 보려면 얼굴의 모양보다 기운을 중요시하고 어떤 부분에 생기가 있고 또 어떤 부분에 생기가 없느냐를 보아야 한다. 몸의 형태를 좌우하는 마음은 얼굴과 달리 형상이 없다. 따라서 상의 모양만 보면 하수, 상에 깃든 기운이나 빛을 보면 하수를 벗어나는 것 그리고 마음까지 보아야 진짜 관상가라고 할 수 있다. 다시 말해, 심상이 우리 삶을 좌우하는 가장 중요한 것이며, 그 기운과 빛을 판단하는 사람이 두 번째로 중요한 것이다. 따라서 사각턱이면 고집이 세고 말년에 힘들 것이며 타협이 어렵고 실패가 많다는 식의 상법은 아주 초보적인 상법이다. 상학에서 말하는 진정한 심상은 여러분의 삶을 바꾸는 최고의 방안이며 후천적인 기운, 즉 후천운이라고 말할 수 있다.

자, 이제부터 당신의 삶을 바꾸는 최고의 심상을 어떻게 만들어나가야 하는지에 대해 알려주도록 하겠다.

몸짓은 마음의 표현

첫 번째로 가장 중요한 것은 웃음이다. 상학에서는 최고의 웃음을 미소라고 한다. 이가 보이지 않으나 웃고 있으며, 소리가 나지 않으나 웃고 있으며, 몸이 흔들리지 않으나 웃고 있으며, 웃고 있지 않으나 웃고 있는 경우를 최고의 미소라고 한다. 여기서 아마 누군가가 떠오를 것이다. 그렇다. 부처님의 미소가 바로 상학에서 말하는 최고의 미소이다. 사실 '미소'는 실제로 많이 쓰는 단어이지만, 아마 그 의미를 제대로 이해하고 있는 사람은 그리 많지 않을 것이다. 미소는 상학에서 나오는 말로, '최고의 심상을 가진 사람에게서 나오는 은은하지만 고요함 또 잔잔함, 편안함을 주는 얼굴'이라는 의미를 가졌다. 부처님의 얼굴을 보면 세상 온갖 근심과 걱정이 다 사라진 듯 고요함과 편안함이 느껴진다. 그렇기에 상학에서는 이를 최고의 심상이라고 하는 것이다. 이것을 일상생활에 대입하면, 요란하지 않고 경망스럽지 않으며 품위 있는 부드러운 웃음이라고 생각할 수 있으며, 누구라도 이러한 은은하고 부드러운 웃음을 가지게 되면 만복을 얻는 심상을 가지게 되는 것이다.

두 번째는 편안한 몸짓이다. 진실을 말할 때는 과장을 할 필요가 없다. 하지만 어떠한 목적을 가지고 상대를 회유하거나 설득해야 하는 상황이라면 과장된 몸짓이나 행동을 할 수밖에 없다. 편안한 몸짓이라는 것은 거짓된 말로 상대를 회유하기 위해 과장하지 말아야 한다는 것을 의미한다.

상학에서는 몸짓을 마음의 표현이라고 말한다. 마음에 거짓이나 불안이 있는 경우, 눈동자가 자주 움직인다든가 손짓이나 발짓 등에서 불안감이 표현되기 마련이다. 그렇기 때문에 우리 조상님들은 다리를 떨면 복 나간다고 하면서 야단을 치셨던 것이다. 물론 현대 의학적으로는 다리를 떠는 행동이 혈액순환에 도움이 된다고 말하지만, 마음을 다루는 상학에서는 불안감의 표현으로서 안정되지 못하고 나쁜 변화가 생기는 행동으로 해석하고 있다. 편안하고 과장되지 않은 몸짓, 안정된 몸짓이야말로 상학에서 말하는 두 번째 최고의 심상이다.

세 번째는 고요한 눈동자다. 눈은 마음의 창이라는 말이 있다. 상학은 누군가의 현재 상황을 판단하는 학문이다. 현재 이 사람의 상황에서 변화가 많고 갈등이나 속임이 많은 삶이냐는 것을 판단하는 곳이 바로 눈이다. 말을 하는 동안에는 눈의 크기가 변하면 안 되고, 눈동자가 많이 움직여서도 안 되며, 힘이 있어야 하고 안광이 뿜어져 나와야 한다고 이야기하는데, 이 역시 가만히 생각해 보면 딱 부처님의 모습이 떠오른다. 그렇기 때문에 나 역시 한 번씩 절을 찾을 때마다 뵙는 부처님 얼굴을 흉내 내려 노력하고 있으며, 이를 토대로 상학에 관해 연구 설명을 하곤 한다. 늘 눈에 선함을 가지고 고요함을 가지는 것, 그것이 후천운을 강하게 만들어 주는 최고의 수단이라고 말이다.

운명은 심상을 따라간다

네 번째는 편안한 마음이다. 어떤 이의 성격을 알아보기 위해서는 같이 골프도 쳐보고 노름도 해보고 술도 마셔봐야 된다고들 이야기한다. 아마 이것은 그 사람의 성격에 얼마나 변화가 많은지를 판단해 보기 위해서 하는 행동일 것이다. 화가 나도 크게 노하지 않으며, 기뻐도 과하게 즐거워하지 않으며, 슬퍼도 과하게 슬퍼하지 않으며, 좋은 것이 있어도 욕심 부리지 않는 그 한결같은 마음이 상학에서 말하는 심상의 네 번째이다.

마지막 다섯 번째는 행동이다. 행동은 정신의 표현이다. 상학에서는 신체는 곧 정신이라고 말한다. 형체形體로 혈血을 기르며 혈로 기氣를 기르며 기로 신身을 길러야 한다고도 말한다. 이는 쉽게 말해 항상 맑고 깨끗한 정신을 가져야 한다는 의미이며, 이것을 요즘의 사회에 대입한다면 자신감 있는 마음, 진실한 마음, 긍정적인 마음이라고 표현할 수 있다. 다시 말해 이는 스스로를 믿는 마음, 즉 자신감 있는 마음이며, 스스로에게 거짓이 없는 마음, 즉 진실한 마음이고, 세상의 모든 일들을 이루어내는 마음, 즉 긍정적인 마음이다. 이는 바른 마음을 가져 스스로 자신을 믿고 세상 어떤 일이든지 다 이루어 내겠다는 마음을 가지는 것을 말하며, 이러한 마음에서 행해지는 행동을 심상이 좋은 사람들의 행동이라고 말한다. 상학에서는 부정적인 마음, 스스로를 속이려는 마음, 자신을 믿지 않는 마음은 절대 가져서는 안 된다고 말하고 있다. 또한, 상학에서는 심상을 최고의 관상이라고 한다. 당연히 최고의 관상을 가진 사람이 최고의 운을 얻어서 최고의 삶을 살 수 있을 것이다.

남자의 바람기와
여자의 바람기

나에게는 이런 질문이 참 많이 들어온다. "바람을 피우는 얼굴이 따로 있나요?" 그럼 필자는 그렇다고 말한다. 하지만 "바람을 피우는 사람이 따로 있습니까?"라는 질문이 들어오면 그런 사람은 절대 없다고 대답한다. 비슷한 두 질문에 대한 대답이 전혀 다르니 이상하게 생각할 수 있겠지만, 앞으로 내가 할 이야기를 이해한다면 금방 고개를 끄덕거리게 될 것이다. 바로 바람은 피울 사람이 따로 정해져 있는 게 아니라 그 사람이 처한 상황에 의해서 만들어진다는 이야기이다.

상학에서 말하는 바람기

물론 상학에서도 바람기가 많은 사람에 관해서 이야기하고는 있다. 하지만 이는 자신의 기운이 너무 강해서 보통 사람들이 받아주기 힘들다는 말이지, 무조건 바람이 난다는 말은 아니다. 심지어 성적인 기운이 강한 사람도 자신에게 맞는 사람을 만난다면 절대 바람을 피우지 않는다는 것이다. 그럼 사람마다 성적인 기운이 다 다르다는 이야기인가? 물론 전부 다 다른 게 사실이다. 그리고 상학에서 말하는 바람기라는 것은 일반적인 수준의 바람기를 말하는 게 아니라 병적인 수준을 말하는 것이다.

그럼 성적 기운이 병적으로 강한 사람은 어떤 사람일까? 먼저, 이 바람기에 관해 이해하기 위해서는 사람을 두 종류로 나누어 판단해야 한다. 상황에 의해서 바람을 피우는 사람도 있고, 본능적으로 너무나 강한 자신의 성적 기운을 억제하기 힘들어서 바람을 피우게 되는 사람도 있다. 전자는 주변 상황으로 인해 너무 힘들고 고통스러워서 그에 대한 탈출구로 다른 이성을 만나게 되고 바람을 피우게 되는 경우로, 상학에서는 이러한 사람을 병적인 바람둥이는 아니라고 이야기한다. 또한 이 부분은 배우자와 사주 결합을 통해서 판단해야 하는 것이지 관상학이나 수상론으로는 절대로 알 수 없는 부분이기도 하다.

　타고난 기운에 의해서 만들어지는 바람, 성적 기운이 병적으로 강해서 생기는 바람은 관상학이나 수상론으로 충분히 측정할 수 있다. 여성의 경우 목오행과 수오행을 담당하는 영역에 문제가 생기면 바람을 피우게 되고, 남성의 경우 목오행과 화오행을 담당하는 영역에 문제가 생기면 성적인 능력이 과하게 작동을 해 바람을 피우게 된다. 변강쇠와 옹녀를 떠올리면 될 듯하다.

　오행의 특성상 남자가 바람을 피우는 경우는 화오행이 문제가 생겨서 만들어지는 것이라서 무조건 감정적이고 즉흥적이며 조급하게 되고, 여자가 바람을 피우는 경우는 수오행이 문제가 생겨서 발생하는 것이라서 치밀하고 차분하며 조급하지 않다.

　상학에서는 남성의 경우 목오행과 화오행를 가리키는 이마와 눈썹, 눈을 보고 바람기를 측정하고, 여성의 경우 금오행과 수오행을 담당하는 광대뼈와 귀를 보고 바람기를 측정한다. 예컨대, 남성이 목과 화의 기운을 담당하는 눈과 눈썹, 이마의 기운은 강렬한데 만약 이를 받아주는 토의 기운, 즉 코가 쭉 뻗어있지 못하고 힘이 없고 작다면, 강한 목화의 기운을 받아줄 수 없다. 이런 경우 남성은 목화의 기운을 분출할 수 있는 차가운 기운을 찾게 되고, 이로 인해서 바람을 피우게 된다는 것이다. 여성의 경우 금오행과 수오행의 기운이라고 할 수 있는 광대뼈와 귀의 근골이 강하고 윤곽이 뚜렷한데 만약 이를 받아줄 수 있는 목의 기운, 즉 눈의 형상이 확실치 않고 살아나지 못한다면, 차가운 기운이 소통이 안 되기에 바람기로 이어질 수 있다는 것이다.

얼굴을 보면 바람기가 보인다

이제부터 누구나 쉽게 이해할 수 있도록 그림을 통해 알려드리도록 하겠다. 이마에서 눈썹 아래까지가 상골이고, 눈썹 아래에서 코끝까지가 중골이며, 코끝에서 턱끝까지를 하골이라고 한다. 그 크기가 각각 같아야 가장 이상적이다. 만약 상골의 크기가 중골의 크기를 넘어선다면 목화의 기운에 문제가 생기는 사람이라고 볼 수 있다.

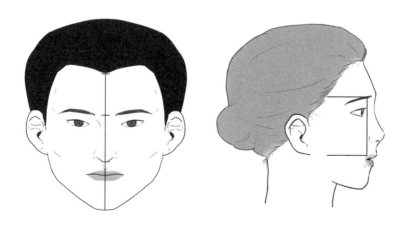

먼저, 남성이다. 상골의 크기가 넓어진다는 말은 대머리가 정력이 세고 바람을 많이 피운다는 동양의 속설과 남성호르몬이 많이 분비되는 사람이 대머리가 된다는 서양 의학의 이야기와도 무관하지 않다. 하지만 이러한 경우라도 코의 형상이 쭉 뻗어 시원하고 넓이가 충분하다면 균형이 맞는 것으로 판단한다.

다음으로 여성이다. 여성의 경우, 광대뼈의 라인이 안와의 라인을 넘어서면 안 된다. 만일 광대뼈가 사진에서 보이는 라인을 넘어서고 있다면, 금오행에 문제가 생기고 있는 것이다. 이를 미루어 봤을 때, 이 여성은 매사 갈등을 만들어 내는 성품을 가지고 있을 확률이 높다. 또한 귀가 눈썹과 윗입술 사이에 위치해 있어야 한다. 하지만 귀가 눈썹을 넘어서서 위쪽에 위치해 있는 경우 남의 말을 잘 듣지 않는 사람이라 할 수 있으며, 윗입술 아래에 귀가 처져있다면 늘 남을 따르고 자기의 주관이 없는 순종형의 사람이라고 할 수 있다. 따라서 귀가 눈썹을 넘어서고 광대가 안와를 넘어서 위치해 있으면 금오행과 수오행에는 문제가 발생하기에 이러한 여성의 경우, 자신을 위해 바람을 피울 가능성이 있으며 성적 기운 역시 아주 민감하게 발전했다고 볼 수 있다.

상학에서는 남성의 경우 귀의 형태와 모양을 보고 여성의 경우 색깔과 위치를 본다. 예컨대 여성의 경우, 귀가 검은색을 띠고 있거나 지나치게 흰빛을 가지고 있다면 성적인 불만이 많아 바람을 피울 가능성이 높다고 하고, 선명한 핏빛을 가지고 있다면 성적인 불만이 생기지 않아 배우자에게 만족하고 산다고 한다. 또 남성의 경우, 상골이 강하여 중골이 그 기세를 받아주지 못해 눈 밑에 와잠이라는 살집이 생겨나게 되는데 와잠이 흐리다면 혼자 사는 사람이거나 성적으로 불만이 많은 사람이고, 와잠이 밝다면 성적으로 불만이 없는 사람이라고 한다. 결론적으로 말하면, 남성은 상골의 기운이 하골의 기운을 압도하는 경우 성적인 병이 있다고 할 수 있으며, 여성은 광대뼈가 안와를 넘어서고 귀가 위쪽으로 붙어 있는 경우 성적인 병이 있다고 할 수 있다.

꼭 알아야 한다. 바람이라는 것은 절대 혼자 피우는 것이 아니라는 사실을 말이다. 물론 바람을 피울 가능성이 크다는 이야기는 배우자의 노력이 더 많이 필요하다는 말이기도 하다. 가정을 잘 유지하기 위해서는 두 사람이 힘을 합치고 화합하며 서로의 불만을 해소해 주는 게 가장 중요하다. 그렇기에 우리 조상님들은 배우자의 기색을 살피는 것을 가장 중요하게 생각하셨다. 배우자가 행복해야 나도 행복할 수 있기 때문이다.

얼굴을 고치면
관상이 변할까?

상학에서는 중년 이후에 부자가 될 사람은 분명히 변상이 된다고 말한다. 상은 상황에 따라 자신도 모르게 변해간다. 하지만 안타깝게도 정말 많은 분이 부자가 될 운을 스스로 차버리는 시술을 하고 있다. 아마 이를 몰라 우를 범하고 있는 분들이 많을 것이다. 앞으로 말씀드릴 이곳들은 수술이나 시술을 절대 해서는 안 된다. 이는 스스로 자신의 재물 창고를 깨어버리는 행동이며, 자신에게 오는 운과 복을 막아 오지 못하도록 만드는 행동이다.

한번은 필자가 자주 가는 식당의 한 손님이 '이곳'에 시술을 한 것을 보았다. 분명 일전에 보았을 때는 '아, 저 사람 이제 곧 큰 부를 얻겠구나' 하고 생각했었는데, 1년쯤 지나 마주하니 그 좋던 상이 온데 간데없고 아주 가난해질 상으로 변해버린 것이다. 안타까운 마음에 왜 시술을 했는지 물어보았는데, 나이가 들어 주름이 자꾸 늘어지고 넓어지는 것 같아 시술을 했다고 하셨다. 그 말을 듣고는 '아, 이래서 하늘도 억지로 복을 주지는 못하는구나' 하는 생각을 하면서 돌아섰던 기억이 있다.

이처럼 자신도 모르게 자신의 운을 막아버리는 사람들이 분명히 있을 것이다. 하여 말해주는 것이니 절대 앞으로 설명할 이곳에는 어떠한 수술이나 시술도 하지 말아야 한다. '이곳'은 상학에서는 법령法令이라고 말하며, 일반적으로는 팔자 주름이라고 부르는 곳이다. 법령과 입 주변은 중년 이후에 재물을 담아두는 창고이며, 중년 이후의 재복이 얼마나 큰지를 의미하는 곳이기도 하다. 사진을 한번 보겠다.

중년 이후의 부를 가져다주는 변상법

법령에는 그 어떠한 수술이나 시술도 하지 말아야 한다. 이 그림 속 법령은 다양한 분야에서 큰 성공을 거둔 방송인인 전현무씨와 김성주씨의 것이다. 그들은 지금 큰 부를 얻은 분들이며 또 앞으로도

1 방송인 전현무의 법령

2 방송인 김성주의 법령

3 백종원이 17억 원의
빚을 졌을 때의 법령

4 백종원의 현재 법령

큰 부를 얻을 분들이다. 그럼 이분들의 법령, 즉 팔자 주름을 한번
잘 보라. 법령이 둘러싼 입 주변이 특히 넓은 것을 알 수 있다. 그렇
다. 법령이 바로 중년 이후에 재물 운을 담고 보관하는 창고인 것이
다. 그렇기 때문에 수술이나 시술로 이 경계를 깨게 되면 당신의 중

년 이후의 재물 운은 사라지게 된다. 그래서 나는 늘 사람들에게 웃으면서 살라고 말하며 이 미소가 운과 복을 만든다고 했던 것이다.

꼭 명심하라. 억지로라도 웃어야 부자가 된다. 자, 요리 연구가이자 사업가인 백종원씨의 법령으로 비교해 보자. 앞의 그림은 17억이라는 큰 빚을 지고 자살을 해야 되겠다고 결심을 했던 시절의 법령이다. 그리고 뒤의 사진은 수천억의 자산을 가지고 있는 현재의 법령이다. 팔자 주름을 한번 잘 보라. 아주 넓어지고 커진 것을 볼 수 있다.

앞에서 한번 언급했듯이 상학에서는 최고의 상을 부처님의 상이라고 말한다. 이 부처님의 사진을 한번 잘 보라. 법령이 입 주변을 완전히 감싸고 있는 것을 발견할 수 있을 것이다. 그래서 이 주변에

출처: 국립중앙박물관

는 그 어떠한 수술이나 시술도 해서는 안 되는 것이다. 그리고 항상 입을 크게 움직이는 습관을 가져라. 입을 크게 움직이면 법령은 넓어질 것이고, 법령이 둘러싼 공간 역시 더 넓어질 것이다. 이것이 바로 당신을 중년 이후에 큰 부를 얻도록 만들어 주는 변상법이다.

이곳을 관리해야 부자가 될 수 있다

또한 이마는 반드시 맑고 깨끗하게 유지해야 한다. 이마가 거칠거나 이마에서 빛이 나지 않는 사람은 부자가 될 수 없다. 상학을 전혀 모르는 사람들도 이마가 좁으면 속이 좁다느니, 대머리가 부자라느니, 정력이 세다느니 하는 소리를 한다. 어디서 얼핏 들어본 말인 듯하다. 하지만 이마가 넓다고 무조건 좋은 것은 아니며 좁다고 무조건 나쁜 것은 아니다. 이마는 맑음을 보는 곳이며 풍기는 빛을 보는 장소이다.

그렇기에 인상을 쓰는 것은 좋지 않다. 인상을 쓰면 제일 먼저 이마가 찌그러지고 점점 어두워진다. 그렇게 된다면 건강하고 행복하게 장수하는 삶을 사는 게 불가능한 상으로 변해간다. 나 역시 화를 내지 않으려고 노력하며 주변 사람들에게도 같은 조언을 해준다. 화를 내면 이마의 빛이 사라지고 상학에서 말하는 빈천한 상이 된다고 말이다.

물론 인간인데 어찌 화나는 일이 없을 수 있겠는가? 그렇기에 화를 냈거나 인상을 쓴 날에는 세안할 때 이마를 더 신경 써서 씻곤 한다. 물론 이마를 몇 번이고 신경 써서 씻는다고 해서 이마에 빛이 생기는 것은 아니지만, 그래도 그 정도 노력은 한다는 말이다. 다시 한번 말하지만, 부자가 된 사람 중에 이마가 거칠고 어두운 사람은 없다. 화를 내지 않고 인상을 쓰지 않는 것이 부자가 될 수 있는 가장 좋은 방법이라는 것을 꼭 명심해라.

귀는 자주 만져줘야 한다. 우리는 남들보다 유독 귀가 큰 사람들을 보고 "저 사람은 큰 명예를 얻을 사람이다", "큰 성공을 이룰 사람이다"라고 말하곤 한다. 하지만 사실 이 말은 틀린 말이다. 귀는 크다고 좋은 것이 아니며 작다고 나쁜 것도 아니다. 귀를 볼 때는 혈색으로 판단한다. 불그스름하고 생기 있는 귀를 제일로 친다는 것이다.

실수로 뜨거운 것을 만졌을 때, 어디로 가장 먼저 손이 가는가? 바로 귀다. 이는 우리의 신체 중에서 귀가 가장 차갑기 때문이기도 하며, 또 귀가 혈액순환이 제대로 되지 않는 곳이라는 반증이기도 하다. 그래서 상학에서는 귀가 백지장처럼 하얗거나 굽고 검은색을 띠는 사람은 건강하지 못한 사람이며 반드시 가난하게 살 사람이라고 말한다.

자, 그렇다면 귀에 혈색이 돌게 하려면 어떻게 해야 할까? 엄청나게 특별한 방법이 있는 게 아니다. 자주 만져주는 것이 최고다. 틈나는 대로 귀를 꾹꾹 눌러주어라. 이리저리 귀를 굽히고 당기는 동작을 자주 해주라는 말이다. 특히 귓불 부분을 잘 만져주는 게 좋다. 귓불이 두툼하고 혈색이 좋은 사람 치고 못사는 사람은 없다.

손은 자주 움직여야 한다. 우리 조상님들은 손을 인체의 축소판이라고 말씀하셨으며, 한의학에서도 손은 인간의 모든 건강 혈점이 있는 곳이며 건강의 이상을 알 수 있는 곳이라고 말한다. 또한 상학에서는 손마디와 손끝이 일정하면 부자로 살아갈 사람이며, 손바닥과 손등의 색깔이 완전히 달라야 부유한 삶을 살아가게 된다고 말한다. 이것은 손을 쥐었다 폈다 하는 동작을 많이 함으로써 만들어질 수 있는 것이다. 손을 자주 움직여라. 틀림없이 모든 장기가 아주 튼튼해질 것이며, 중년 이후에 부자가 된다고 하는 수상手相이 만들어지게 될 것이다.

눈과 눈썹은
돈을 담는 그릇

상학에서는 "눈은 하늘을 담는 그릇이요, 입은 땅을 머금은 대지다."라고 말한다. 이는 하늘의 기운은 강렬하고 우람하고 격렬하니 이 기운을 담는 그릇은 마땅히 부드러워야 하고 그 그릇의 뿌리는 단단해야 한다는 말이다. 하여 하늘의 기운을 얻기 위해서는, 눈은 한없이 부드러워야 하고 그 근골은 단단해야 한다. 우리는 보통 사람을 처음 마주할 때 제일 먼저 눈을 보게 되며, 그 눈을 통해 나름 각자의 첫인상이라는 것을 만들게 된다. 이건 개인의 잣대이므로 보편적인 기준이 필요한데, 그 보편적인 기준을 학문으로 정립한 것이 바로 상학이다.

눈은 희로애락을 모두 표현하는 인체의 유일한 기관이면서, 우리의 마음이 외부로 표현되는 유일한 곳이기도 하다. 그래서 눈은 마음의 창이라는 말을 하기도 하는 것이다. 앞서 말한 첫인상 역시 눈에 의해 결정된다는 것이 모든 인상학자의 견해이다. 좋은 첫인상을 주기 위해서는 눈이 부드럽고 모나지 않아야만 한다. 상학에서도 눈은 반드시 유함이 있어야 한다고 말하고 있으며 이러해야 강한 하늘의 기운이 모두 내려앉을 수 있다고 말하고 있다. 하여 상학에서는 "눈은 간하지 말며 탐하지 말며 탁하지 말며 욕하지 말아야 한다."라고 하는데, 이는 간사한 눈, 욕심 많은 눈, 탁해서 흐린 눈, 색정이 강한 눈을 가진 사람을 가장 나쁜 눈의 형상을 가진 사람이라는 의미이며, 이런 사람은 피하는 것이 좋다고 말한다.

이와 반대로 눈의 형태를 봉안鳳眼, 용안龍眼, 호안虎眼 등으로 구분하여 이러한 눈을 가진 사람은 크게 번영할 사람이라고 말하기도 하지만, 사실 진정한 상학은 모양보다 심상을 중요시하기에 그 눈에서 나오는 기운과 빛과 색으로 판단하며, 눈에서 부드러움과 맑음이 뿜어져 나오도록 만들어야 하늘의 기운을 다 얻는 눈이라고 여긴다.

하늘의 기운을 얻는 법

그렇다면 어떻게 눈에서 부드러움과 맑음이 뿜어져 나오도록 만들 수 있을까? 사실 이렇게 말하면 누구나 막연하게 느끼겠지만, 다음과 같은 행동을 한번 해보면 분명 당신의 눈에는 맑음이 가득해질 것이다. 먼저 얼굴에 미소를 머금어라. 그리고 눈 주위의 근육이 뭉치지 않도록 만들어 주면 된다. 우리 조상님들은 매일 아침 따뜻한 손으로 눈 주변을 비비곤 하셨다. 눈 주변 근육의 긴장을 풀고 뭉치지 않도록 만드는 수단으로 말이다. 물론 누군가는 '이런 방법으로 뭐가 바뀔까?'라는 의문을 품을 수도 있겠지만, 분명 이렇게만 해도 자신의 얼굴이 몰라보게 달라져 있는 것을 스스로 느끼게 될 것이다. 또한 이 부드러움은 다른 사람들에게 좋은 인상을 심어줄 것이고, 당신의 주변에는 사람들이 많이 모여들 것이며, 당신을 믿는 사람들이 점점 많아질 것이다. 이런 식으로 당신의 인생은 변해가는 것이다.

다음으로 동공에서 나오는 눈빛은 광택이 나야 하고, 그 빛은 너무 강렬해서는 안 되며, 우아함이 들어있어야 된다. 우리 조상님들은 눈빛이 부드럽고 날카롭다면 부자가 될 수 있고, 눈빛에 부드러움과 편안함이 들어있다면 거부가 될 수 있다고 말씀하셨다. 또한 상학에서도 이러한 눈을 가진 사람이 하늘의 기운을 다 얻게 된다고 말한다. 이는 동공의 빛을 가리키는 것인데, 이 역시 눈의 피로를 풀어줌으로써 밝은 빛이 나도록 만들 수 있다.

왜 그러할까? 눈의 피로는 동공을 흐리고 탁하게 만들며 이로 인해 동공은 건조해지는데, 이 건조함 때문에 눈에서 빛이 만들어질 수 없는 것이다. 이와 반대로 건강한 동공은 촉촉한 눈물과 물기가 늘 생겨나, 이에 반사된 눈빛이 맑고 선명하게 보이게 된다. 잠자기 전에 눈의 피로를 풀어주는 마사지와 이로 인한 숙면이 당신의 동공에서 밝은 빛이 나도록 하는 가장 중요한 비결이다. 하여 우리 조상님들은 늘 "잠이 보약이다"라고 말하셨던 것이다.

눈썹은 그 사람 인생의 청사진

이제 눈썹에 관한 이야기이다. 상학에서는 사람의 눈썹을 보면 얼마나 부귀를 누릴 사람인지를 알 수 있다고 한다. 그럼 부귀를 누릴 사람의 눈썹과 가난을 벗어나지 못할 사람의 눈썹은 과연 어떻게 다를까? 자, 이미 큰 부를 누리고 있는 사람들의 눈썹은 어떠한 특징을 가졌는지 알아보기로 하자.

상학에서는 눈썹을 초미, 중미, 말미로 구분하는데, 초미, 중미,

말미는 반드시 부드럽게 이어져 있어야 한다. 강렬하고 거친 하늘의 기운을 받아내기 위해서 부드러움은 필수이며, 모나거나 꺾인 눈썹은 하늘의 기운을 받아내지 못하고 오히려 충돌하게 되어 실패가 많은 삶이 만들어지게 되기에 좋지 않은 눈썹이라고 말한다.

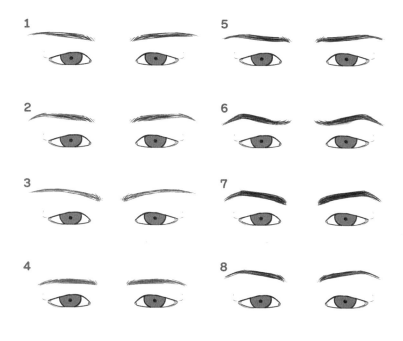

1번은 초미가 좋고 눈썹이 부드러우니 부자의 눈썹이다.

2번은 초미와 중미는 좋으나 말미가 많이 꺾여서 휘어져 있으니 말년에 고생을 많이 하는, 다시 말해 말년 복이 없는 눈썹이다.

3번은 부드러우나 초미, 중미, 말미에 대한 구분이 없으니 평범하고 변화가 없는 삶을 살아가는 눈썹이다. 이러한 눈썹을 가진 사람은 하늘의 기운을 잘 받고는 있으나 한곳에 모으지를 못해 기회를 잡지 못한다.

4번은 초미는 좋고 부드러우나 평탄함을 가지니 서서히 발전하고 부유해지며 안정적인 삶을 살아가기는 하지만, 큰 부자가 되지는 못하는 눈썹이다. 이는 초미의 기운이 뚜렷하거나 강하지 않기 때문에 그러하다.

5번은 초미는 좋으나 굴곡이 많으니 실패와 성공을 오락가락하게 되고 삶의 변화가 많이 생기는 눈썹이다.

6번 눈썹은 초미도 좋지 못하고 갈라져 있으며 굴곡도 많다. 이러한 눈썹을 가진 사람은 삶이 고달프고 늘 실패만 하게 되니 퇴락하는 삶만을 살아간다.

7번 눈썹은 초미가 없고 힘이 있으며 강렬하다. 또한, 강하게 굴곡이 지는 모습으로, 큰 실패를 경험하고 이로 인해 다시 일어서지 못하는 형상이다. 이는 초미의 구심점이 약해서 한 번 넘어지면 힘을 내어 일어설 기운이 없는 사람이 된다는 의미이다.

8번 눈썹은 초미는 좋으나 눈썹과 눈의 간격이 너무 많이 벌어져 있어 자신의 성과를 남에게 빼앗기는 형상이다. 이런 눈썹을 가진 사람은 모으는 것이 많고 능력은 뛰어나지만 이것이 전부 자신의 것이 아니게 된다.

간단한 노력으로도 최고의 상을 만들 수 있다

요즘 굉장히 많은 분이 눈썹 문신을 한다. 눈은 그 사람의 기상과 능력을 보여준다. 다시 말해, 눈은 하늘의 천기를 얼마나 잘 받아내고 있느냐를 알 수 있는 척도인 것이다. 또한 눈썹은 이를 얼마나 잘 모을 수 있느냐, 또 발전시켜 나갈 수 있느냐를 의미한다. 따라서 눈썹 문신을 하거나 화장을 할 때는 꼭 이 점에 신경을 써서 하늘의 기운이 잘 내려앉을 수 있도록 만들어야 한다. 상학에서 가장 중요시하는 변상의 원리라는 것은 바로 이런 것이라 할 수 있다.

위 사진은 양쪽 눈썹과 초미의 기운이 모이는 미간이다. 이는 가장 이상적인 형태의 모습이라고 할 수 있다. 눈과 눈썹 사이가 이보다 넓다면 자신의 재물과 성과가 전부 남의 것으로 돌아가는 관상이고, 이보다 좁다면 애초에 잘 모이지를 않으며 모이더라도 그로 인해서 스스로 어려움을 겪게 되는 관상이다.

상학에 관해 잘 모르는 사람들은 이렇게 말할지 모른다. 관상은 정해져 있는 것이며, 또 후천적으로 이를 변화시키기 위해서는 수많은 노력이 필요할 것이라고. 하지만 사람의 관상은 항상 변화하며 아주 사소한 노력으로도 얼마든지 멋지게 만들어 갈 수 있다는 것이 바로 상학의 존재 이유다. 특히 요즘의 경우라면 화장 같은 아주 간단한 노력만으로도 충분히 최고의 상을 만들어 낼 수 있다.

용의 눈, 봉황의 눈,
미치광이의 눈

　과연 멀리해야 할 관상을 가진 사람이 따로 있을까? 만약 그렇다면, 부자가 될 상이나 가까이하면 좋은 상 또한 따로 있을까? 정통상학에서는 이에 대해 분명하게 구별하여 논하고 있다. 사람의 상은 변상이라고 해서 항상 변화하는 것이며, 우리가 후천적으로 만들어 갈 수 있고, 또 그렇게 만들어 가라고 해서 만들어진 학문이라고 말이다. 우리가 앞으로 변해갈 모습들은 모두 우리의 상에 담겨있다. 이제부터 피해야 할 눈과 가까이하면 좋은 눈에 대해 알려드리도록 하겠다.

　먼저 상학에서는 눈은 마음의 창이며, 일신의 정신이 모이고 발산되는 곳이라고 말하고 있다. 하여 《마의상법》을 포함한 상학의 모든 서적에서는 눈의 좋고 나쁨을 살피면 그 사람의 정신이 맑은지 흐린지를 판단할 수 있고 선함과 악함 역시 알 수 있으니, 상학을 하는 자는 반드시 눈을 살피는 법을 기본으로 알아야 한다고 이야기한다. 이는 눈이 천기를 받는 이마의 기운이 표출되는 곳이기 때문이다.

눈빛부터 다른 사람

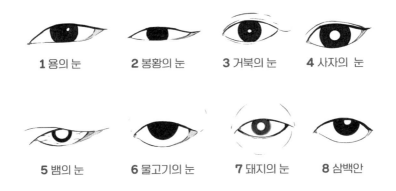

1 용의 눈   2 봉황의 눈   3 거북의 눈   4 사자의 눈

5 뱀의 눈   6 물고기의 눈   7 돼지의 눈   8 삼백안

사진을 보면서 좋은 눈과 나쁜 눈에 대해 이야기하도록 하자. 먼저 용안, 즉 용의 눈이다. 용은 신성한 동물이기 때문에 이는 아주 좋은 눈이라는 의미이다. 상학에서는 대귀지상大貴之像이라고 말하기도 한다. 용안은 흑백이 분명하고 광채를 보이고 정신이 강하여 신

이 넉넉하다고 하며, 가장 높은 지위에 올라 부귀와 영화가 한 몸에 따른다고 한다.

　두 번째는 봉안, 즉 봉황의 눈이다. 봉안은 적당히 가늘고 길며, 눈동자가 뚜렷하고 눈초리가 위로 올라가 있다는 특징이 있다. 총명하고 지혜가 아주 뛰어나니 스스로 공명을 성취하여 남보다 뛰어난 지위에 오른다고 하는 눈이다. 봉안과 용안은 눈초리 끝이 올라가 있느냐 평평하게 펼쳐져 있느냐로 구별할 수 있다.

　세 번째는 구안, 즉 거북의 눈이다. 구안은 눈동자가 동그랗고 수려하며 눈 위아래에 잔주름이 있고 눈을 자주 깜빡거리는 특성이 있다. 일생 건강하고 장수하며 재물이 풍족하고 자손 대대로 영화를 얻는다고 하는 눈이다.

　네 번째는 사자의 눈이다. 사자의 눈은 크고 눈동자도 큼직하며 눈의 두 끝이 위로 치켜 올라가서 위엄 있고 용맹스러워 보이는 특징을 가졌다. 이 눈을 가진 사람은 충효와 절개가 있으며 신의와 효심이 깊고, 건강함과 명예로움 그리고 부귀영화가 끊이지 않는다고 한다.

　자, 여기까지가 좋은 눈이다. 이제부터 설명할 눈은 나쁜 눈, 즉 상학에서 무조건 경계해야 한다고 하는 눈들이다. 무슨 차이가 있는지 한번 잘 관찰해 보라.

나쁜 눈에는 부정적인 기운이 깃든다

우선 뱀눈이라고 하는 사안이다. 사안은 눈동자가 작고 동그랗게 솟아있으며 붉고 가느다란 금이 얽혀있다. 사안을 가진 이는 마음이 악하고 독하며, 간사하여 남을 속이기를 예사로 하고, 인륜을 모르는 패악 무도한 사람이라고도 말한다.

두 번째는 물고기의 눈이라고 하는 어안이다. 어안은 눈망울이 튀어나오고 항상 눈에 물기가 있으며 눈동자 속 흑점이 위로 치붙어 있는 게 특징이다. 이러한 눈을 가진 사람은 신과 기가 약하여 가정에 늘 불화를 만들고, 타인과의 갈등을 만들어 내며, 상황에 따라 이리저리 변심해 신의가 없고 객사한다고 말한다.

세 번째는 돼지의 눈이라고 하는 저안이다. 저안은 흰자위가 흐릿하고 어둡고 검은자위는 잿빛처럼 흑백이 분명하지 않으며, 눈꺼풀이 두껍고 탄력이 없고 잠에 취하듯 늘 몽롱해 있는 특징이 있다. 이러한 눈을 가진 사람은 성질이 흉포하고 재앙이 깊으니 후손과 인연이 없고 매사 행함이 범죄이며 불행을 만든다고 한다.

네 번째는 삼백안이다. 삼백안은 정신이 두 개이니 빈궁함을 벗어나지 못하고 미치광이 같은 행동을 한다고 말하는 눈이다. 이 눈을 가진 사람은 비속하고 탐욕기가 많으며, 간악하고 음란하다고 한다. 음란함의 대표적인 눈이라고 할 수 있다.

아마 눈치가 빠른 분들은 위에서 말한 좋은 눈과 나쁜 눈의 차이를 벌써 아셨을 것이다. 이제 두 사진을 비교해 보도록 하자.

좋은 눈과 나쁜 눈을 가르는 결정적 특징

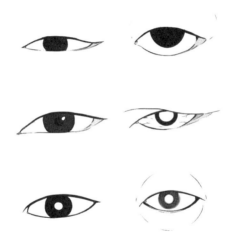

자, 이 사진은 좋은 눈과 나쁜 눈을 모아놓은 사진이다. 좌측에 있는 눈은 좋은 눈, 우측에 있는 눈은 나쁜 눈이라고 일컫는다. 사진의 우측에 있는 눈을 가진 사람은 항상 조심하고 경계해야 한다.

사진을 잘 살펴보면, 좋은 눈은 전부 눈동자가 눈에 붙어있는 것을 발견할 수 있을 것이다. 하지만 나쁜 눈은 전부 눈동자 아래에는 공간이 있으며 눈 위쪽에 붙어있다. 다시 말해, 눈동자가 눈에 붙어 있지 않다면 나쁜 눈이라고 생각하면 된다. 상학의 해석으로 이러한 눈을 가진 사람들의 공통점을 판단해 보자면, 나쁜 눈을 가진 사람들은 정신적인 문제를 가지고 있고, 이에 따라 자기 정신을 조절하지 못하는 행위를 하며, 이로 인해 스스로 고통스러운 삶을 살아간다.

물론 상학에서는 관상보다 심상을 더욱 중요시하고 있지만, 스스로 이러한 눈을 가지고 있다고 생각한다면 늘 자제하고 조심하며 살아가면서 항상 한 박자 늦게 행동하는 게 좋다. 똑같은 잘못이더라도 인상이 좋은 사람은 쉽게 넘어갈 수도 있는 반면, 인상이 좋지 않은 사람은 큰 문제로 변하는 경우가 있기에 꼭 명심하고 기억하는 게 좋겠다.

눈은 마음을 담는 그릇이다. 우리의 마음에 여유와 안정이 있다면 눈에는 늘 부드러운 웃음이 있을 것이고, 고통스럽고 힘든 삶 속에 있다면 눈에 청함과 수함보다 탁함이 강하게 드러나게 된다. 그렇기 때문에 사람은 웃다 보면 즐거워지고 세상 모든 것은 자신의 마음이 만드는 것이라고 말하는 것이다. 그러니 부드러운 웃음과 안정된 마음이 상을 변하게 만들어 운을 좋게 만드는 변상의 이치라는 점, 명심하기를 바란다.

재벌의 콧망울에서
보인다는 '호양비'

상학에서는 코를 재물 운을 알 수 있는 곳이라고 한다. 하여 코를 재백궁財帛宮이라고 표현하기도 하는데, 용어 그대로 풀이하면 재물과 비단이라는 의미이니 코의 형태와 모양에 따라 부의 형태가 정해지게 된다는 뜻이다. 요즘은 예전보다 코 수술을 하는 사람들이 많아졌고, 여성의 경우 화장으로 코의 모양을 자기 마음대로 바꾸기도 한다. 몇 가지만 미리 알고 있으면 부를 만드는 멋진 코를 가질 수 있으니, 어떤 코가 부자가 될 코인지 아니면 빈자가 될 코인지 알아보도록 하자.

한눈에 보는 좋은 코와 나쁜 코

다음은 상학에서 말하는 좋은 코에 대한 설명이다.

- 준두準頭, 즉 코의 끝이 둥글고 콧구멍이 보이지 않으며 좌우 대칭이면 부귀를 누린다.
- 코가 빛나고 윤택하며 풍만하게 솟은 사람은 귀하고 장수를 누린다.
- 코가 높고 윤곽이 뚜렷하며 둥글고 곧으면 부귀를 누린다.
- 준두가 풍만하면 인덕이 있고, 이마까지 뻗어있으면 이름을 날리고, 코끝이 오므라진 주머니 같으면 나이가 들수록 번창한다.
- 사자코를 닮으면 총명하고 학자의 자질이 있으며, 높이 솟아 풍성하면 말년 운까지 좋다.

다음은 나쁜 코에 대한 설명이다.

- 코가 꾸불꾸불하면 고독하고 빈궁하며, 붉은 기색이 있으면 동분서주한다.
- 코가 삐뚤어져 있거나 뼈만 앙상하면 운이 막히고, 코끝 살이 늘

어지면 색욕이 강하고 의식이 곤궁하다.

- 콧대가 너무 솟아 자신의 눈으로 콧대가 보이면 좋지 않고, 너무 뾰족하면 심사가 바르지 못하다.
- 콧대가 곱지 않으면 거짓말을 잘하고, 매부리 모양으로 굽은 상은 평생 간사한 꾀로 사는 사기꾼 형이다.
- 준두가 빈약하면 빈궁하다.
- 코에 가로무늬가 있거나 검은 사마귀가 있으면 재액災厄이 많다.

이렇게 말로만 설명하면 전문가가 아닌 사람들은 어렵게 느낄 테니 그림을 통해 알아보도록 하자.

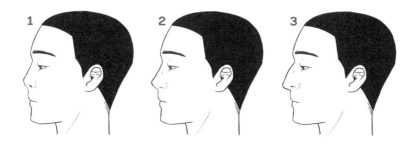

먼저 콧구멍이다. 콧구멍은 항상 정면을 기준으로 한다. 사진의 가장 왼쪽에 있는 코처럼 정면에서 봤을 때 콧구멍이 훤히 다 보이는 경우, 낭비가 많으니 들어와서 모이는 것보다 나가는 것이 훨씬 많다고 하며 이런 코를 빈천한 코라고 한다.

다음으로 매부리코로, 사진의 가장 우측에 있는 코이다. 이렇게 매부리코이면서 콧구멍이 전혀 보이지 않으면 구두쇠로 잘살기는 하나, 큰 부자는 되지 못하고 주변에 사람이 모이지 않으니 사람의 도움으로 부자가 될 일은 없다고 한다.

그렇다면 사진의 정가운데에 있는 코를 한번 보자. 이 코처럼 적당히 콧구멍이 보이는 코가 부자가 되는 코이며, 좋은 코의 기준이다. 즉, 가운데 코를 제외한 나머지는 나쁜 코라고 할 수 있겠다.

내가 부자가 될 코인가?

이제 사진을 통해 상학에서는 어떤 코를 가지면 거부가 되고, 또 어떤 코를 가지면 빈천하게 살게 되는지 알아보도록 하자.

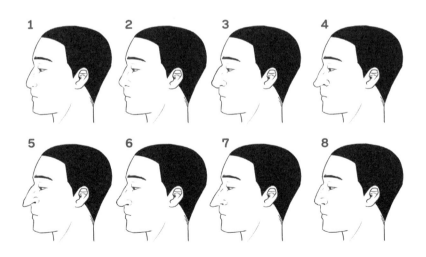

첫 번째 코는 호양비胡羊鼻라고 한다. 호양비는 잘생긴 느낌이 나고 코가 크고 코끝이 풍만하며 모양이 가지런하고 산근山根이나 연상年上, 수상壽上의 뼈가 툭 솟은 게 특징이다. 이러한 코를 가진 사람을 부귀영화를 누릴 상이라고 하며, 이 상을 거부가 될 관상이라고 말한다.

두 번째 코는 상학에서는 사자비獅子鼻라고 이야기한다. 사자비는 산근, 연상, 수상이 약간 낮고 평평하고 코끝이 풍만하고 코의 균형이 가지런하다. 이러한 코를 가진 사람은 중년 이후부터 말년까지 부귀를 누리게 된다고 한다.

세 번째 코는 복서비伏犀鼻이라고 이야기하며 산근 뼈가 양쪽 눈썹까지 곧게 솟아있어 천정에 뻗은 것을 말한다. 일반적으로 연예인들처럼 잘생긴 코를 떠올리면 될 듯하다. 코가 풍성하되 살이 많지 않아야 하고, 높이 솟되 뼈만 붉어지지 않아야 한다는 것이 복서비의 조건이다. 이러한 코를 가진 사람은 정신이 맑아 대기하거나 큰 명성을 얻게 된다.

네 번째 코는 성비猩鼻, 일명 성성이코라고 한다. 성비는 콧대만 우뚝 솟아있고 눈썹과 눈 사이가 좁으며 얼굴은 넓고 코의 살집이 넓고 두터운 게 특징이다. 이러한 코를 가진 사람은 인품이 너그럽고 의리와 덕망을 중히 여기는 영웅호걸의 상이니 부귀하게 된다.

인생 후반부에 복록福祿이 따르니 이 관상 역시 부자가 된다고 한다.

다섯 번째 코는 매부리코라고 한다. 매부리코는 등마루가 툭 튀어나와 코끝이 뾰족하고 안으로 굽어있다. 매부리가 연상되기에 매부리코라고 부른다. 매부리코는 코의 좌우 균형이 정상이면 그렇게 문제가 되진 않지만, 좌우 균형이 맞지 않는다면 아주 간악하고 노후의 빈궁함을 얻는다는 천한 코라고 할 수 있다.

여섯 번째 코는 녹비鹿鼻라고 한다. 녹비는 코끝이 풍만하고 가지런하며 코끝이 둥그스름한 형태를 가지는 게 특징이고, 이 코를 가진 사람은 너그럽고 인자하고 의리가 있지만, 잘 놀라며 간혹 의심도 많다. 이러한 사람은 중년 이후에 복록이 몰려와 큰 부자가 된다고 한다.

일곱 번째 코는 삼만삼곡비三彎三曲鼻라고 한다. 이 코는 코끝이 휘고 콧등이 굽어있는 게 특징이며, 이 코를 가진 사람은 후손에 어려움을 겪고 자신 역시 노후에 어려움을 가진다. 한마디로 천한 상이다. 또한 이 코를 가진 사람은 자기만 아는 성격을 지녀 주변 사람들과 다툼이 잦다고 한다.

마지막으로 여덟 번째 코는 원숭이 코라고 한다. 원숭이 코는 콧구멍이 몹시 작고 산근, 즉 코의 시작점이 푹 내려앉아 있는 게 특징이다. 그래서 볼품이 없다고 말하기도 한다. 이러한 코를 가진 사람은 위엄이 없으며 간사하고 영악하며, 구설에 자주 오르고 위아래를 구별하지 못해 늘 형액이 따르고 간계를 자주 부린다. 인간관계 역시 오래가지 못하고 이로 인해서 구설이 늘 따라다니며 빈천하게 산다고 한다.

이렇게 다섯 가지의 좋은 코와 세 가지의 나쁜 코를 살펴보았다. 분명히 말하지만, '절대 나는 부자가 될 코를 가지고 있으니 가만히 있으면 되겠지', '나는 나쁜 코를 가지고 있으니 아무리 노력해도 안 되겠네'라는 것을 알려주려고 보여준 것이 아니다. '내 코는 조금 못한 코이니 정말 열심히 노력하며 살아가야지'라는 생각, 또 '내 코는 정말 좋은 코이니 더 열심히 살아서 더 멋진 삶을 만들어야지'라는 생각을 심어주기 위함이었다는 점을 꼭 알아주었으면 한다. 항상 말하지만 상학보다 중요한 것은 심상이니 말이다.

나이 먹을수록 잘되는 사람은
입술이 다르다

말년에 가난해지지 않으려면 반드시 살펴야 하는 곳이 바로 입술이다. 입술은 특히 여성과 관계가 아주 깊다. 지금도 대부분의 여성이 입술에 색조 화장을 하듯이 예전 우리 조상님들도 입술에 색조 화장을 하셨다. 하여 나와 같은 상학 전문가들도 가장 많이 속는 곳이 바로 입술인데, 이는 그만큼 입술이 상학적으로 판단하기 어려우며 중요하다는 의미이기도 하다.

우리의 얼굴 중 수오행을 나타내는 곳이 두 군데 있는데, 그중 하나는 귀, 다른 하나는 입술이다. 수오행은 신장과 콩팥 그리고 여성의 생식기를 나타내는 오행이기도 하다. 그런데 귀는 머리카락으로 덮어있는 경우가 대부분이고 남들에게 보여줄 우려가 거의 없지만, 입술은 절대 가릴 수 있는 곳이 아니다. 그래서 형태와 모양을 남들에게 보여줄 수밖에 없기에 입술에 붉은색 색깔을 칠하게 되었다고 한다. 이는 입술에 선홍빛이 잘 드러나야 좋다는 의미이기도 하다. 또한 상학에는 "인자요산仁者樂山이요, 지자요수智者樂水이다"라는 말이 있는데, 이는 어진 사람은 산을 좋아하고 지혜로운 사람은 물을 좋아한다는 의미로, 물이라는 것을 동양에서는 지혜를 의미한다고 말하기도 하지만 재물을 의미한다고 말하기도 한다. 하여 사주학에서는 수오행의 기운이 약한 사람을 제물 운이 없고 지혜가 부족하다고 말하며, 풍수학에서는 집안에 수오행의 기운이 부족하면 돈이 모이질 않게 된다고 하여 집안에 물이 얼마나 잘 나오고 막힘이 없느냐로 그 집의 재물운을 판단하기도 한다. 그만큼 입술은 굉장히 중요한 곳이다.

상을 망치는 나쁜 입술

그렇다면 중년과 말년의 재물 운과 지혜로움이 모두 다 드러나는 곳인 입술은 어떻게 만들어져야 하는 것일까? 또 상학에서는 어떤 입술을 가장 흉하다고 말할까? 그리고 어떻게 하면 이 나쁨을 좋게 만들어 개운開運할 수가 있을까? 지금부터 알려드리도록 하겠다.

첫 번째는 입의 양쪽 끝이 내려와 있는 입술이다. 우리는 이러한 인상을 보고 심술궂다고 이야기한다. 입술이 내려와 있다면 상학에서는 인중 주변에 모인 재물이 모두 새어나가서 아주 빈천한 말년을 보내는 관상이라고 하며, 지혜 없이 고집만 세니 옳고 그름을 판단하지 못하는 상이라고 하여 가장 나쁜 상이라고 말한다.

두 번째는 평상시 벌어져 있고 치아나 혀가 보이는 입술이다. 이는 재물에 대한 소유욕이 약해 낭비와 사치가 심하고, 성격적으로는 의지력과 결단력이 약하여 늘 남의 아래에 있으며 부림을 당하는 말년을 가진다고 한다.

세 번째는 앞으로 돌출된 형태의 입술이다. 상학에서는 이 입술로 '정이 많다' 또는 '정이 없다'라고 판단하기도 하는데, 이런 모양의 입술을 가진 사람은 정이 너무 많아서 남에게 속임을 당하기 쉽고, 돈을 모으기보다 낭비를 잘하니 사치가 심하며, 남 이야기를 많이 해 신뢰가 떨어지니 절대 크게 써서는 안 된다고 말하고 있다.

네 번째는 말을 하면 삐뚤어지는 입술 또는 자주 깨무는 입술이다. 이러한 상은 욕구불만의 전형적인 모습이다. 또한 말년의 부부 운이 약하여 고독해지게 되는 상이며 재물이 들어오기보다 항상 재물을 쫓아다니게 되고 늘 남에게 부림을 당하거나 이용을 당하는 상으로서 빈천한 상의 전형이다.

다섯 번째는 균형이 맞지 않는 입술이다. 입술은 땅에서 받는 지기地氣를 통제하는 곳이라고 할 수 있다. 땅에서 받은 지기는 꾸준하고 지속적이며 안정적인 기운이다. 하여 이러한 입술을 가진 사람은 풍파가 많고 삶의 기복이 심해 잠시 흥하다가도 금방 망하게 되며, 안정적이지 못하고 한곳에 정착하지 못해 여러 배우자를 둘 수도 있다고 한다.

여섯 번째는 말할 때 한쪽 입꼬리만 올라가는 입술이다. 이러한 입술을 가진 사람은 만족을 모르고 욕심이 많으며, 책임감이 없고 욕망이 강하여 신뢰를 받지 못해 주변에 사람이 없고 외로움이 많은 노년을 보낸다고 한다.

이렇듯 상학에서는 입술을 재물과 가정의 평안함을 가리키는 의미로만 말하고 있는데, 이는 지기를 받아 지기의 안정성을 유지해야 하기 때문이다.

좋은 입술엔 미소가 깃든다

이제 상학에서 말하는, 중년 이후가 행복하고 평안한 좋은 입술에 관해 알아보도록 하겠다.

우선 상학에서는 좋은 입술을 다음과 같이 규정하고 있다. 입술의 라인이 코 양 넓이의 두 배가 되는 것이 가장 좋으며, 입술의 색깔은 선명한 붉은색이거나 선홍색 홍시를 터뜨린 것과 같아야 하고,

입꼬리는 반드시 처지지 않고 올라가야 한다고 말이다. 또한 상학에서 말하는 최고의 입술은 입을 다물었을 때 절대 입속이 보이지 않는 형상이다.

그럼 중년 이후 모든 운을 얻고 모으는 멋진 입술을 만들기 위해서는 어떻게 해야 할까? 우선 입꼬리를 법령 끝에 이으려고 노력해야 한다. 마치 사진 찍을 때 좋은 표정, 웃는 표정, 행복한 표정으로 만들기 위해 '김치', '스마일' 등을 외치는 것처럼 말이다. 이러한 말들을 소리는 내지 말고 마음속으로 한번 해보라. 부드럽고 은은하게 웃으면서 말이다. 이렇게 하면 절대 입꼬리가 내려가지 않는다. 또한 입술이 앞으로 튀어나오지 않는다. 그리고 절대 한쪽 입술만 움직이는 일이 없다. 바로 이 행동이 상학에서 말하는 가장 나쁜 입술의 모양들을 벗어나는 형태가 되도록 만드는 수단이다. 그래서 상학에서는 변상과 변상의 중요성에 관해 말하고 있는 것이며, 변상은 곧 은은하고 품위 있으며 부드럽게 웃는 연습을 많이 하는 것으로 만들어진다고 이야기하는 것이다.

상학의 요지는 단 한 가지이다. 바로 세상 어떠한 것도 정해진 것은 하나도 없고, 무엇이든 그 방법을 바로 알아 고치려고 노력하면 반드시 좋아지게 된다는 것이다. 이렇게 나쁜 상과 좋은 상을 알려주고 그러한 상으로 만들기 위한 방법을 말해주는 것은, 좋은 상이 되도록 스스로 노력하여 자신의 삶을 후천적으로 바꿔나가라는 의미에서이다. 현대 의학에서도 얼굴 근육은 뇌의 명령을 그대로 전달받아 움직인다고 말하고 있으며, 어떻게 쓰느냐에 따라서 얼굴에 주름이 생기기도 하고, 모양이 변형되기도 하며, 심지어는 찰색이라고하는 얼굴의 색깔까지도 변하게 된다고 말한다. 그리고 현대 인상학자들 역시 좋은 이미지를 주는 얼굴이 성공에 중요한 작용을 한다고말하는데, 이는 상학에서 말하는 후천적으로 좋은 상을 만들어 나가는 것이 무엇보다 중요하다는 의미다.

기의 흐름을
막는 점

　얼굴에 점이 있다는 이유로 많은 이가 스트레스를 받곤 한다. 점은 미관상 나쁜 경우가 대부분이지만, 어떤 사람들은 애교스럽다고 생각해 스스로 점을 그리기도 한다. 하지만 점이 절대 있어서는 안되는 곳들이 있다. 이는 상학에서 말하는 실패를 만들고 빈곤을 만들며 인생을 허망하게 만든다는 점인데, 요즘은 얼굴에 점 하나 빼는 게 큰일이 아니니 없애는 게 낫다. 물론 누군가는 얼굴에 점 하나 뺀다고 무슨 운명이 바뀌겠냐고 말할 수도 있다. 하지만 나는 이런 말을 하는 사람들을 도저히 이해할 수가 없다.

　예를 들어 도로 위에 큰 돌이 하나 있다고 가정해 보자. 그래서 지나다니는 차들이 늘 이 돌을 비켜 가야만 한다고 말이다. 너무나 불편한 것은 두말할 필요도 없다. 그래서 결국 수많은 민원 속에 구청에서 그 돌을 치우고 빈자리를 아스팔트콘크리트로 채웠다면 과연 어떻게 되겠는가? 차들은 그 후에도 그곳을 비켜서 갈까? 바로 이것이다. 점은 기의 흐름을 막아 기가 바로 흐르지 못하게 하며 돌아가게 하는 효과가 있다는 것이다.

물론 기의 흐름에는 좋은 기의 흐름도 있을 것이고 나쁜 기의 흐름도 있을 것이다. 세상에는 반드시 선과 악이 있으니까 말이다. 하여 나쁜 기의 흐름을 막고 옆으로 돌아가게 만든다면 좋은 점이 될 것이고, 좋은 기의 흐름을 막고 옆으로 돌아가게 만든다면 나쁜 점이 될 것이다. 하지만 상학에서는 얕은 뿌리를 가진 흐린 점, 붉은 점, 흰 점은 점이라고 말하지 않는다. 상학에서 말하는 점은 표면뿐만 아니라 뿌리까지 있어야 한다.

그래서 상학에서 말하는 점은 검은 점이며, 그 뿌리가 아주 깊어 기의 흐름에 영향을 주는 것을 의미한다. 쉽게 말해, 하늘로부터 받은 천기가 이마에 모여서 내려오는 곳과 땅으로부터 받은 지위가 올라오는 곳을 연결한 지점에 있는 점은 특별한 경우를 제외하고는 모두 나쁜 점이라고 생각하면 된다. 또한 눈썹의 기운과 눈의 기운이 흘러 볼로 내려오는 곳에 있는 점은 그 기운을 막기 때문에 나쁜 점이다. 이제 부분적으로 절대 있어서는 안 되는 점들에 관해서 논해 보도록 하겠다.

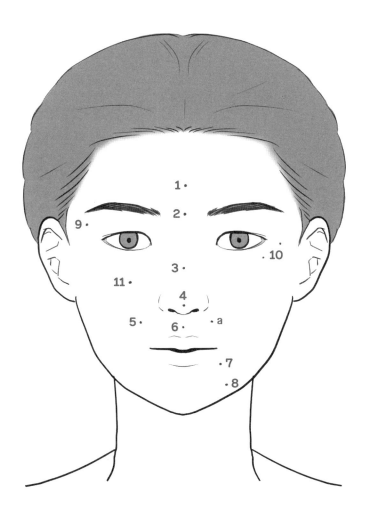

이마에서 코까지 반드시 빼야 하는 점

먼저 이마 가운데 1번 점이다. 이곳은 천운, 즉 변화 운을 얻도록 만드는 곳으로 어느 순간 갑자기 확 타오르는 운이 생성되는 곳이다. 상학에서는 이곳이 맑고 투명하다면 아무리 힘들고 어려워도 일순간 번영하거나 벼락부자가 된다고 말한다. 그렇기 때문에 이곳에 점이 있다면 이러한 변화를 막아 갑자기 일어나는 기운이 없어서 아무리 노력해도 늘 자신의 노력보다 덜 얻게 되며 이로 인해 실의와 좌절이 생긴다. 청년기에는 그나마 괜찮지만 기력이 쇠해지는 노년기에는 아주 곤궁하고 힘든 삶을 살아간다고 한다. 당연히 빼야 하는 점인 것이다.

다음으로 미간의 2번 점이다. 미간은 천운이 흘러 내려가는 곳이라 이곳이 맑다면 무슨 일이든 시작만 하면 성공한다. 미간에는 일자 주름도 있어서는 안 된다. 나와 같은 전문 상학자들은 사람을 볼 때 미간부터 보는데, 상학에서는 미간에 서린 기운이 사람의 성패를 만든다고 말하고 있기 때문이다. 그런 곳에 장애물이 놓여 천기의 흐름을 막고 있다면 늘 실패와 고난이 따르는 것은 당연지사일 터이다. 당연히 빼야겠다.

다음 콧등의 3번 점이다. 콧등은 하늘로부터 받은 재운이 쌓이고 모이는 곳이라 하여, 상학에서는 콧등에 굴곡이 있는 사람은 재기하기 어려운 큰 실패가 생긴다고 말한다. 그렇기에 콧등에 점이 있어 이를 부채질한다면 더 말할 필요도 없겠다. 현재 아무리 좋은 삶을 살아가고 있는 사람이라도 콧등에 점이 있다면 반드시 큰 실패로 인해서 모든 것을 다 잃고 재기하지 못하게 된다. 이 또한 빼야 할 점이다.

다음 콧방울의 4번 점이다. 콧방울은 상학에서 재물 복을 말하는 곳이다. 천운이 미간을 통해 흘러 내려가 궁극적으로 모두 모이고 응축되는 곳인 것이다. 하여 이곳이 좋다면 천복이 있어 큰 부자가 된다고 말한다. 그런데 이곳에 점이 있다면 천운이 모이지 않을 것이다. 물론 지운地運이 좋다면 본인의 노력 여하에 따라 보통의 삶은 살아갈 수도 있을 것이나, 큰 성취를 이루기는 불가능하며 순전히 본인의 노력이 아니라면 무엇 하나 만들어지지 않는 삶이 된다는 것은 두말할 필요 없다. 따라서 이곳의 점 역시 반드시 빼야 한다.

법령부터 입꼬리까지 반드시 빼야 하는 점

이제 법령의 5번 점이다. 좌측 법령과 우측 법령은 남녀에 따라 약간 다르기에 혼동을 할 수도 있을 듯하여 여성을 기준으로 말하겠다. 만약 남성이라면 반대쪽으로 생각하면 된다. 법령은 지운을 가두는 울타리이다. 이곳에 점이 있다는 것은 울타리가 견고하지 못하다는 뜻이며, 지운을 모아두지 못한다는 말이다. 하여 상학에서는 열심히 노력해도 그 성과를 보기 어려우며 일확천금에 욕심을 내는 사람이 된다고 말하는 것이다. 당연히 도박이나 향락을 아주 좋아하는 사람이 될 것이니 이곳의 점 역시 빼는 것이 좋겠다.

다음으로 인중의 6번 점이다. 인중은 천운과 지운이 만나는 곳이다. 인중에 장애가 있다는 것은, 한마디로 어떠한 복도 누릴 수 없는 사람이라는 뜻이다. 물론 본인의 노력도 없을 것이고 그렇다고 큰 운도 없을 것이니 인중에 점이 있는 사람은 가난의 대명사라고 생각하면 된다. 당연히 빼야 할 것이다.

이제 인중 좌측의 점 a이다. 이곳은 지운이 모이는 창고이자 밭이다. 이곳에 운의 흐름을 방해하는 장애가 있다는 것은 한마디로 땅이 척박하다는 것을 의미한다. 이 점을 가진 사람은 절대 노력하지 않는 자이고 당연히 성과 역시 없을 것이다. 빼야 하겠다.

이제 입꼬리 아래에 있는 7번과 8번 점이다. 7번, 8번 점 역시 남녀가 약간 달라 여성을 기준으로 알려드리니 남성은 반대쪽이라고 생각하면 된다. 이곳은 땅으로부터 올라오는 지운을 받는 곳이다. 또한 말년 운을 나타내는 곳이기도 하다. 그래서 이곳에 점이 있는 사람은 말년 운이 없으며 말년에 외롭고 고통받는 삶을 산다고 한다.

눈 주변의 반드시 빼야 하는 점

이제 눈썹 옆의 9번 점이다. 사실 상학에서는 눈썹 안의 점을 좋다, 나쁘다 말하지 않는다. 숨겨져 있으니까 말이다. 하지만 눈썹 안의 점이라고 하더라도 너무 크고 타인이 충분히 알아볼 수 있을 정도라면 반드시 생각해 봐야 한다. 눈썹은 상학에서 인복을 말하는 부분이니 이 점 역시 인복과 연관 지어 판단하는 것이며, 당연히 이 점은 인복에 장애가 생기는 것을 말하니 인복이 없는 사람이라고 말한다. 하여 사람으로 인한 해가 일생 자신을 괴롭힌다고 말하는 점이 바로 이 점이다. 무조건 빼야 할 점이다.

이제 눈 주변의 10번 점이다. 이 점을 간혹 애교점이라고 말하는데, 눈 주변에 점이 있다는 것은 이성 복이 없다는 의미이다. 다시 말해 상학에서는 이 점을 가진 사람을 배우자 복이 없는 사람이라고 본다. 항상 본인의 의지와는 달리 배우자가 자신을 함부로 하거나 배우자의 사랑에 큰 배신을 당하게 되는 점이다.

이제 마지막으로 볼 위의 있는 11번 점이다. 볼은 자신의 의지를 말하는 곳이다. 볼에 점이 있다면 이 점이 장애물이 되고 있다는 의미이니, 이 사람은 의지력이 약한 사람이라고 말한다. 상학에서는 이러한 사람은 참고 견디는 힘이 약하고 시작은 좋으나 밀고 나가는 힘이 약한 용두사미형 인간이라고 말한다.

　세상의 모든 것이 다 그러하듯, 학문 역시 시대에 따라 변화해야 한다고 생각한다. 과거에는 점을 빼는 것 자체가 불가능했지만 현대 의술로는 아주 손쉽게 가능하다. 그러니 앞서 말한 곳에 점이 있다면 빼는 게 좋겠다. 이것도 변상의 한 종류이며, 이를 통해 좋은 운을 얻어 행복한 삶, 즐거운 삶을 살아갈 수 있다면 이것이 진정한 상학의 목적이고 참 의미가 아닐까 싶다.

3장

| 언행 |

돈복을 부르는
말과 행동

마음가짐의 중요성을
심리학보다 먼저 증명한 사주학

예부터 우리 조상님들은 복은 말에서 오며, 말을 함부로 하는 사람은 절대 곁에 두어서는 안 된다고 말씀하셨다. 말은 사람의 마음에서 나오는 것이기에 마음이 바르지 않다면 바른말이 나올 수 없고, 마음이 바르다면 그 사람의 말은 그르지 않을 것이라 그렇게 말씀하셨던 것이다. 또한 운이나 복은 스스로 만들어 내는 것이며 자신의 마음에서 이루어지니, 말이 바르다면 좋은 운을 얻을 것이라는 의미로 만들어진 말이기도 하다. 그렇기에 복을 불러오고 걷어차는 말이 따로 있는 것이다.

살아가다 보면, 우리는 아무 생각 없이 타인에게 부정적인 말을 하곤 한다. 하지만 꼭 알아야 하는 게 있는데, 바로 자신이 한 말은 자신이 제일 먼저 듣게 된다는 사실이다. 간혹 개명을 한 분들 중 어떻게 해야 개명의 효과가 가장 크냐고 물어보시는 분들이 있다. 그럼 나는 많이 불릴 수 있는 이름이어야 좋다고 대답해 드리곤 한다. 소리는 들을 때 효과가 나타나는 것이다. 아마 다들 아침 출근길에 상스러운 소리를 듣고 하루 종일 기분이 안 좋았던 경험이나 반대로 기분 좋은 소리를 듣고 하루 종일 기분이 좋았던 경험이 있을 것이다. 이렇듯 말이라는 것은 우리의 하루를 아주 기분 나쁘게 만들기도 하고 아주 기분 좋게 만들기도 한다. 현대의 모든 심리학자와 철학자는 공통적으로 인간이 생각과 말, 행동에 의해 만들어진다고 말한다. 여기서 명심해야 할 것은, 우리의 말이 타인에게 힘을 주기도 하고 고통을 주기도 하지만 자신에게는 복을 얻게도 하고 잃게도 한다는 점이다.

그럼 이제, 복을 부르는 말과 걷어차는 말에 대해서 알려드리도록 하겠다.

복을 걷어차는 말, 끌어안는 말

첫 번째, 긍정적인 말과 부정적인 말이다. 말하는 대로 이루어진다는 말을 들어본 적 있을 것이다. 긍정적인 말을 하는 사람은 자존감이 강하고 자신에 대한 믿음이 굉장히 강한 사람이다. 하지만 부정적인 말을 하는 사람은 자존감이 약하고 자신에 대한 믿음이 없는 사람이다. 그래서 같은 실수를 해도 '에이, 내가 그렇지 뭐', '내가 하는 일이 다 이렇지, 뭐' 하고 체념하는 사람이 있는 반면, 뭐가 틀렸는지 생각하고 '다음에는 이런 실수 절대 하지 말아야지'라고 반성하고 기록하는 사람이 있다. 자, 당신이라면 이 두 사람 중 누구에게 다음 일을 맡기겠는가?

세상에 처음부터 잘하거나 숙련된 사람은 절대로 없다. 누구든 초보자 시절에는 실수도 하고 실패도 하며 이러한 과정들을 거쳐 숙련된 전문가가 되어간다. 실수와 실패는 누구나 하기 마련이다. 그렇기에 '네가 하는 일이 다 그렇지, 뭐', '넌 절대 안 돼', '바보야, 그것도 못해?' 등의 말들은 절대 남에게 해서는 안 된다. 이 말을 듣는 사람은 절대 당신을 우호적으로 생각하지 않을 것이고, 나중에 결정적인 일이 생겼을 때 절대 당신의 편을 들어주지 않을 것이다. 그래서 사주학에서는 복과 운은 항상 사람을 타고 들어온다고 말하는 것이다. 이러한 부정적인 사람 옆에는 사람이 많이 없을 것이고, 누구도 힘들 때 자신의 편을 들어주지 않을 것이다. 이는 이 사람에게 인복이 없다는 의미이기도 하며, 절대 복 있는 삶을 살 수 없다는 의미이기도 하다.

두 번째, 칭찬의 말과 비난의 말이다. 칭찬은 고래도 춤추게 한다는 말이 있다. 이 칭찬의 말에는 묘한 마력이 있다. 상대에게 한다면 200%, 300%의 힘을 내도록 만들어 주게 되고, 자신에게 한다면 자신에 대한 자존감을 높여주는 효과가 있다. 하지만 비난의 말을 상대에게 한다면 싸움과 논쟁이 되는 빌미가 되고, 자신에게 한다면 자신을 비굴하고 초라하게 만들어 버린다. 그러니 배우자에게는 이렇게 말을 하라. "당신에게 맡겨두면 뭐든 잘해서 걱정이 안 돼."라는 식으로 말이다. 그리고 동료에게는 이렇게 말을 하라. "에이, 다음에 잘하면 되지. 사람은 누구나 실수를 해"라는 식으로 말이다. 분명 이 모든 칭찬과 격려는 혜택으로 변해서 자신에게 돌아올 것이다.

하지만 만약 "무슨 일을 그렇게 해?", "이것도 못해?", "하여간 잘하는 게 하나도 없어"라고 말을 한다면 어떻게 될까? 아마 바로 싸움이 시작될 것이다. 이 말로 인해 당신이 지금까지 한 모든 실수가 나오기 시작할 것이고, 서로 네가 잘났니, 내가 잘났니 하면서 다투게 될 것이다. 자, 과연 당신은 어떤 것을 선택하겠는가? 늘 주변 사람들에게 이렇게 말을 하는 사람이 되어보라. "역시 자네가 한 일이니까 확실해", "역시 최고야. 믿고 맡기길 정말 잘했다." 아마 이런 소리를 들은 사람은 앞으로는 무슨 일이 있어도 만사 제쳐두고 도와주

러 올 것이다. 그러니 이미 벌어진 일이나 상황에서는 절대 남을 비난하지 말아야 한다. 물론 스스로에게도 마찬가지이다.

세 번째, 자신감의 말과 비하하는 말이다. 이는 앞서 두 번째의 경우를 자신에게 하는 것이라고 생각하면 된다. 자존감은 당신을 당당하게 만들고, 자책감은 당신을 비굴하게 만든다. 사주학에는 "좋은 운, 즉 복은 가벼워서 높이 있는 것이며 경쾌해서 맑은 곳으로 향한다"라는 말이 있다. 복은 늘 당당하고 자신감 있는 사람에게 오게 된다. 이를 심리학에서는 '피그말리온 효과'와 '스티그마 효과'라 해서 구분하고 있는데, 항상 자신에게 긍정적인 말을 하고 자신감을 북돋우는 사람과 항상 자신에게 부정적인 말을 하고 자책하고 비하하는 사람의 성취도에는 엄청난 차이가 있다는 현상이다. 이와 비슷하게 우리 동양학에서도 동심지언기 취여란同心之言其 臭如蘭이라고 해서 좋은 말에는 난초의 향기가 난다고 했다. 그렇다. 나는 이 세상에 단 하나밖에 없는 유일한 존재인 것이다. 스스로 자신을 아끼고 존중해 주지 않는다면 세상 그 누구도 당신을 존중하지 않는다. 또한 우리 조상님들은 이렇게 자신을 비하하는 사람은 말로도 비참하다고 말씀하셨다.

네 번째, 우리라는 말과 너라는 말이다. 영어로 설명하면 아마 더 쉽게 느껴질 것이다. 영어로는 we와 you이다. we라는 말 안에는

'나'도 포함되어 있다. 그러니까 어떠한 말이나 비난을 해도 반성의 말이 된다. 하지만 you라는 말 안에는 '나'가 빠져있다. 그러니까 웬만한 말을 해도 비난과 질책의 소리가 되어버린다. we라는 말은 상대에게 친밀도와 동질감을 주어서 연대감을 높여주지만, you라는 말은 내 곁에 사람이 올 수 없도록 벽을 치는 것과 같은 효과가 있는 말인 것이다. 왜 사람들은 그토록 많은 친목 단체와 모임을 만들어서 서로 만나려고 할까? 그 이유를 곰곰이 생각해 본다면 우리와 너라는 말의 의미를 이해하게 될 것이다.

다섯 번째, 미소 지으며 하는 말과 인상 쓰며 하는 말이다. 말은 부드러워야 하고 격식과 품위가 있어야 한다. 말이라고 다 같은 말이 아니라는 뜻이다. 상학에서도 은은하고 부드러운 미소는 운을 만드는 최고의 변상이라고 말하듯이, 말도 복이 오도록 만들 수 있는데 이는 바로 미소 속에 나오는 말이다. 미소를 머금고 하는 말은 부드러울 수밖에 없으며 그런 말을 하는 사람은 경박하지 않고 은은함을 풍길 수밖에 없다. 그래서 그런 사람의 말에서는 향기가 난다고 말하곤 한다. 하지만 인상을 쓰고는 절대 좋은 말을 할 수가 없다. 그러니 항상 미소를 지으며 말하는 습관을 들여라. 그러면 누구나 당신을 좋아하게 될 것이다. 미소를 지으려고 하면 입꼬리가 올라가지 않을 수 없다. 자, 입꼬리를 올리고 "이 바보야"라고 말해보라. 실제로 해보면 말끝에 웃음이 나오고 농담이 되어버린다는 것을 알게 될 것이다. 하지만 반대로 인상을 쓰고 한번 말을 해보라. 아무리 좋은 말을 해도 비꼬는 소리, 비난의 소리로 들리게 된다는 것을 알게 될 것이다. 이것이 바로 우리말의 우수성이다. 이제부터 누군가와 대화할 때 항상 은은한 미소를 지으면서 말하는 습관을 꼭 가져보도록 하라.

진정으로 운을 만드는 최고의 수단

마지막으로 실수에 대한 자책과 반성에 대한 이야기를 꼭 짚고 넘어가고 싶다. 사람들은 누구나 이 부분에서 큰 착각을 하고, 하지 말아야 할 자책을 하며, 또 자신이 운이 없다는 이야기를 스스로에게 하곤 한다. 오늘 내가 한 일들을 생각해 보면 아마 90% 이상은 평범한 일이었거나 잘한 일이라는 것을 떠올릴 수 있다. 하지만 대부분의 사람은 10%도 안 되는 잘못된 일을 비난하고 자책하고 끙끙 앓아가면서 시간을 보낸다. 예컨대 오늘 아침 출근할 때 운전을 잘했기에 사고가 없었을 것이고, 또 점심때도 밥도 잘 먹었기 때문에 체하지 않았던 것이고, 길을 잘 살피며 다녔기에 다치지 않았던 것이다. 이렇게 사람들은 대부분의 일을 다 잘하고 살아가다가 10%

도 안 되는 작은 실수를 하기도 한다. 하지만 사람들은 그 10%도 안 되는 실수를 비난하고 자책하여 스스로 아무것도 할 수 없는 사람, 운이 없는 사람이라고 여기고 그러한 사람이 되어간다. 그렇다. 운이 좋은 사람, 운을 얻을 사람은 90%의 잘한 일을 생각하고 나머지 10%를 줄여나가려 노력하지만, 운이 없는 사람, 운을 얻지 못할 사람은 이 10%의 잘못에 매몰되어 자신의 능력을 스스로 부정해 버린다는 것이다. 항상 칭찬하라. 늘 자신과 남을 칭찬하는 습관, 이것이 진정 운을 만드는 최고의 수단임을 잊어서는 안 된다.

하늘이 시련을 내리면
어떻게 대처해야 할까?

얼마 전, 한 아주머니의 전화를 받았다. 나는 보통 사주 상담을 해 주지는 않지만 이분 같은 경우는 상황이 아주 절박한 듯하여 잠시 이야기를 나눠보았다. 이야기를 듣는 도중에 나의 이야기를 들려드 렸더니, 아주머니는 유튜브를 통해 본 나의 모습은 전혀 그렇게 보 이지 않는다며 깜짝 놀라셨다. 물론 지금이야 사주학과 성명학, 풍 수학 분야에서 최고의 명성을 얻고 있기에 충분한 부를 만들었지만, 나에게도 힘들고 어려운 시절이 있었다. 20대 때는 돈이 없어서 이 틀, 사흘씩 굶어야 하는 날이 허다했고, 그런 삶이 너무나 힘들고 싫 어서 극단적인 선택을 할까 고민을 한 적도 많았다. 또한 30대 초반에는 믿었던 친구에게 사기를 당해서 당시에는 상상도 하기 힘든 큰 돈을 날려버린 적도 있었다. 그때는 정말 두 번 다시 일어서기 힘들 것 같았다.

실패는 성공의 어머니

하지만 그것 아는가? 자신의 힘으로 성공하고 번영을 얻은 사람이라면 다 그러한 힘든 경험을 가지고 있다는 것을 말이다. 사람이라면 누구나 어렵고 힘든 상황에 처하기도 한다. 도저히 삶을 이어가기 힘들 만큼의 절망적인 시기 말이다. 하지만 이 학문에 들어선 후 부자가 된 수많은 사람을 상담하면서 명확하게 알게 된 사실이 하나 있다. 바로 하늘은 반드시 큰 쓰임을 주기 전에 그만한 시련을 주어 단련시킨다는 사실이다. 그리고 이 모든 고난과 고통을 이겨낸 사람은 그 고난과 고통만큼의 행복이 반드시 주어지게 된다. 마치 차갑고 매서운 겨울이 지나야 따뜻한 봄이 오듯이 말이다.

하늘의 시험이 전부 끝날 때까지 참아야 한다. 그러면 반드시 그 고통과 어려움만큼의 행복이 찾아올 것이다. 이는 누구나 거치는 하나의 과정이며 자신의 운 그릇을 만드는 과정이다. 하지만 아무리 힘들어도 하면 안 되는 말들이 있다. 앞으로 설명할 말들은 포기이며 체념이기에 당신을 불행하게 만들 것이다. 혹시 당신이 지금 이런 말을 하고 있다면 반드시 고쳐야 한다. 당신의 뇌는 그 소리를 전부 듣고 있기 때문에 이러한 말이 지속되는 한 당신은 그 불행의 웅덩이에서 절대 벗어날 수 없다.

내가 한 말은 내가 제일 먼저 듣는다

첫 번째, 불행을 만드는 말이다. "에이, 재수 없어", "난 왜 이렇게 재수가 없지?", "나는 왜 하는 일마다 잘 안 풀리는 거야", "뭐 하나도 제대로 되는 게 없어" 같은 말은 절대 하지 말아야 한다. 이는 당신의 뇌를 스스로 불행해지도록 세뇌하는 말들이다. 뇌는 당신의 말을 명령이라고 생각하고 당신이 시키는 대로 따른다. 사주학이 아니더라도 모든 심리학자는 이런 말을 한다. 인간의 뇌는 하나의 단순한 명령 체계라고 말이다. 내 마음이 명령을 하면 뇌는 그것이 우리에게 좋은 것인 줄 알고 몸에게 전달하고, 몸은 그러한 명령을 따르게 된다. 다시 한번 말하지만, 사주학은 선천운인 사주보다 후천운인 마음가짐이 훨씬 더 중요하며, 삶은 자신의 마음가짐에 따라 변한다고 말한다. 만약 스스로 자신이 재수가 없다고 말한다면, 뇌는 재수가 없도록 몸에게 명령하고, 몸은 그러한 재수 없는 행동들을 따르게 된다는 것이다. 그러다 보니 지금은 잘 살고 있더라도 그 운들이 점차 꺾이게 되고, 이것이 쌓이고 쌓여서 불행한 삶으로 변해간다. 농담이라도 절대 이러한 말은 하지 말아야 한다. 정말 불행한 삶으로 변해갈 수 있다.

두 번째, 습관적인 욕설이다. 우리는 습관처럼 욕설을 하는 사람들을 자주 본다. 욕설 또한 앞에서 설명한 불행의 말처럼 자신의 뇌 속에 갈등과 다툼을 심어주게 되는 말이다. 의학자들은 우리의 뇌가 행복할 때 나오는 뇌 호르몬과 불행할 때 나오는 뇌 호르몬이 다르다고 말한다. 습관처럼 하는 욕설은 우리에 뇌에 '화가 났구나', '불행하구나' 등의 상황을 인식시키게 되고, 뇌는 불행한 상태라고 인식하게 되어 불행의 호르몬을 계속 분비하게 된다고 말이다. 이러한 불행의 호르몬이 계속 분비되면 행복한 삶이 살아가기는 힘들 것이다. 상학에서도 복을 부르는 최고의 관상은 은은한 미소를 머금은 상이라고 말한다. 이는 늘 미소를 머금고 있으면 우리의 뇌가 행복하다고 인식하기 때문에 그러한 것이다. 하여 이 뇌 속에서 행복 호르몬을 계속 분비하게 되고, 이것이 우리의 삶을 행복하게 만들며, 우리의 삶을 번영하게 만들어 간다.

욕설을 하는 사람 중 웃으면서 하는 사람은 없을 것이다. 틀림없이 인상을 쓰거나 굳은 표정으로 욕설을 하게 될 것이다. 그렇기 때문에 욕설을 하는 순간에 당신의 뇌는 불행을 만드는 호르몬을 생성하게 되며, 이것이 계속되고 지속될수록 당신의 삶은 점점 불행해진다. 욕설은 하지 말아야 한다. 늘 좋은 말, 즐거운 말만 하라.

세 번째, 악담이나 분노의 말이다. 세상 모든 동물의 침 속에는 독이 있다고 한다. 어느 과학자는 악담이나 분노의 말에서 나오는 침을 분석해 그 성분이 일반적인 침에서 나오는 독성보다 수백 배나 강함을 밝혀내기도 했다. 그렇다면, 이 독성이 강한 침은 과연 누가 삼킬까? 바로 나 자신이다. 대체로 삶이 불행하거나 불행해질 때 분노의 말을 하게 될 텐데, 이때는 아주 사소한 일에도 민감하게 반응하며 자신을 몰라주는 세상에 분노하고 또 자신을 믿지 않는 사람들에게 화를 내곤 한다. 아마 웃으며 분노하는 사람은 없을 것이다. 이는 굳이 과학적인 증명을 들추지 않더라도 상학에서 말하는 운을 걸어차는 사람, 나쁜 운을 만드는 사람들이 항상 공통적으로 하는 행동이다.

웃어라, 세상이 당신과 같이 웃을 것이다
울어라, 혼자 울게 될 것이다

절대 남에게 악담을 하거나 분노의 말을 하지 마라. 화가 나면 그냥 한번 껄껄 웃어라. 칭찬은 고래도 춤추게 한다고 했다. 그래서 나는 늘 운을 얻을 사람은 마음의 여유가 있다고 말한다. 화가 나거나 분노가 느껴지면, 이를 말로 표현하지 말고 잠시 한 걸음 물러나서 여유롭게 다시 한번 생각해 보고 이를 미소로서 표현하라. 그래야 운이 좋아지게 된다. 사실 사람이라면 누구나 화가 나거나 분노가 느껴지면 잠도 잘 자지 못하고 온종일 그 생각만 할 것이다. 이러한 것들이 쌓이게 되면 균형이 무너지고 이 무너진 균형들이 쌓이고 쌓여서 자신의 운들을 약화시키게 된다. 그러니 절대 화내지 말고 분노하지 말고, 자신을 한탄하거나 자책하는 말들은 하지 말아야 한다. 하늘은 절대 이런 사람에게 좋은 운을 주지 않는다.

인생을 꼬이게 하는
주변인 유형 5

우리는 정말 무수한 인간관계를 유지하며 살아간다. 어떤 이는 오랜 벗으로, 어떤 이는 직장 동료로, 또 어떤 이는 사회에서 만난 친구로 끊임없이 인간관계를 만들며 살아간다. 동양학에서는 이를 궁합이라는 범주에 넣어서 설명하고 있는데, 일반적으로 우리가 평소 알고 있는 남녀의 궁합도 궁합이지만 부모와 자식 간의 관계도 궁합이라고 할 수 있고 사회에서 만나는 친구, 동업자, 동료와 같은 사람들과의 관계도 다 궁합이라고 할 수 있다. 하여 세상 모든 것은 전부 이 궁합의 범주에서 설명할 수 있다.

《논어》에 이런 말이 있다. "유붕자원방래有朋自遠方來면 불역낙호不

亦樂乎라" 이는 뜻이 맞는 벗이 있어 멀리서 찾아오면 이 얼마나 기쁜 일이냐는 의미이다. 이렇게 우리 조상님들은 뜻이 맞는 벗을 자기의 분신과도 같이 아주 중요하게 여기셨다. 이는 지금도 마찬가지이다. 그렇기에 수많은 사람이 이렇게 뜻이 맞는 사람을 얻기 위해서 사회 활동을 하고 친목 모임도 가진다. 또한 수많은 사회적인 관계 속에서 친구라는 미명하에 인적 관계를 맺고 살아가고 있다. 사람으로부터 받는 스트레스는 이루 말할 수 없이 크지만, 사실 주변에 얼마나 믿을 수 있는 사람이 있는지 또 내가 그 사람들에게 얼마나 믿음을 주고 있는지는 꼭 생각해 봐야 할 부분이다.

분명 벗을 사귐에 가장 중요한 것은 믿음이다. 하여 우리 조상님들은 법을 사귀기 위한 첫 번째가 붕우유신朋友有信이라고 말씀하셨는데, 이는 멀리해야 할 친구, 절대 가까이 두어서는 안 되는 친구를 구분하는 기준으로 '믿을 신' 자를 생각했었다는 의미로 이해할 수 있다. 앞에서도 언급했지만 이런 사람을 사주학에서는 궁합이 맞는 사람이라고 이야기한다. 사주학은 궁합에 관하여 논하지 말아야 할 다섯 가지 사람을 구분해 두었다. 이제 이 사람들이 어떤 사람들인지, 그리고 왜 그러한 말을 했는지 알아보도록 하자.

말도 붙이면 안 될 사람들

첫 번째, 나쁜 일을 같이하려는 사람이다. 여기에서 가장 중요한 말은 '같이'다. 이러한 종류의 사람들은 결과가 좋지 않으면 다른 사람의 잘못으로 돌리고 자신은 빠져나가려고 하는 성향이 아주 강하다. 사람이 세상을 살아가는데 어떻게 늘 바른 일만 하고 살아갈 수 있겠는가? 간혹 불법도 생길 수 있으며, 불합리한 일도 하고 살아갈 수밖에 없지 않겠는가? 하지만 이런 행동적인 것이 아니라 어떤 일을 행함에 있어서 시작부터 불합리하고 불법적인 일들에 주변 사람들을 자꾸 끌어들이려고 부추기는 사람들이 있다. 좋은 사람들은 어쩔 수 없이 불합리한 일을 해야 할 때 혼자 처리하지 절대 주변 사람들을 끌어들이지 않는다. 하지만 주변 사람을 끌어들여서 어떤 일을 행하는 사람들은 그 결과가 나쁘게 나타났을 때 반드시 그 잘못을 옆에 사람에게 돌리고 자신은 빠져나가 버린다.

두 번째, 약속을 지키지 않는 사람이다. 이런 사람은 인간관계에서 가장 중요한 것이 믿음과 신의라고 여겼던 우리 조상님들의 가르침에 정면으로 반하는 사람이다. 우리 조상님들은 세 살 버릇이 여든까지 간다고 하였으며, 작은 일을 소중히 여기고 열심히 하는 사람이 큰일 역시 소중히 여기고 열심히 할 수 있는 사람이라고 믿었기에 작은 약속을 쉽게 깨는 사람은 나중에 큰 약속 역시 쉽게 깨는 사람이라고 생각해 경계하셨다. 이는 현대사회에서도 항상 일어나고 있는 일이다. 그래서 사주학에서는 이런 사람은 나중에 반드시 자신의 안위를 위해서 사람을 배신한다고 말하며, 믿음을 줘서는 안 되는 사람이라고 경계하는 것이다.

세 번째, 거짓말을 잘하는 사람이다. 여기에서 말하는 거짓말은 부득이한 상황에 어쩔 수 없이 해야 하는 하얀 거짓말이 아닌, 정말로 남을 속이기 위한 거짓말을 의미하는 것이다. 자신의 이득을 위해서 남을 속이는 사람은 언젠가 반드시 자신의 이득을 위해서 나 역시 속일 수 있다고 우리 조상님들은 생각하셨다. 물론 이러한 사람들은 자기의 이득을 위해서 남을 이용하는 부류의 사람이기 때문에 현재는 나를 이용하거나 나를 속이고 있지 않다고 하더라도 만일 상황이 변한다면 반드시 나를 속이고 이용해서 자신의 이득을 취하는 사람으로 변해갈 것이다.

네 번째, 서열을 만들려는 사람이다. 벗이라는 것은 반드시 동등한 관계에서 유지되어야만 한다. 하지만 이런 사람들은 이간질과 아첨을 잘하며, 나보다 못한 사람들을 얕보는 성향이 있다. 지금은 아닐지라도 세상의 모든 것은 다 변하기 마련이며, 그 사람이 지금은 내가 좋은 위치와 많은 부를 가지고 있어서 다른 친구들보다 나를 위에 두고 칭송한다고 하더라도 내 위치가 변하고 내 상황 또한 변한다면, 그 친구는 틀림없이 나를 깔보고 얕보며 업신여길 것이 뻔하기 때문에 우리 조상님들은 이런 친구들을 가장 싫어하는 부류로 구분하여 경계하셨다.

다섯 번째, 매사에 부정적인 사람이다. 모든 일에 부정적인 사람은 늘 남을 흉보고 비난하게 되며, 이로 인해 남의 원성을 듣게 된다. 이는 남의 위치를 인정하지 않으려고 하기 때문이다. 하여 이런 사람들은 결코 성공할 수 없다. 현재 나와있는 성공학의 첫 번째 요소가 긍정적인 사람이라는 점에서, 나를 발전시킬 수 있는 사람을 곁에 두고 나를 퇴보시킬 사람은 곁에 두지 말아야 한다는 의미로 해석할 수 있을 것이다.

돼지에게 진주목걸이를 걸어주지 마라

현대 심리학에서는 사람에게 배신당하는 고통이 8톤 트럭을 정면으로 부딪쳤을 때와 같은 트라우마를 가지게 한다는 연구 보고서가 있다. 사람이 사람을 만나는 것은 아주 기쁘고 즐거운 일이지만, 앞에서 설명한 부류의 사람들로 인해 받을 수 있는 고통은 우리가 상상하기 어려울 만큼 크다는 것이며, 이로 인한 스트레스는 어쩌면 평생 스스로를 괴롭게 할지도 모른다는 것이다. 하여 앞서와 같은 사람에게는 절대 곁을 내어주지 않는 현명함을 갖는 것이 인생을 살아가는 최고의 지혜가 되지 않을까 한다.

성공하는 남자의
지갑, 신발, 벨트

필자는 풍수 강연을 자주 하곤 한다. 강연을 시작할 때마다 늘 하는 질문이 있는데, 바로 "여러분은 과연 풍수라는 것을 무엇이라고 생각하십니까?"라는 질문이다. 그리고 이런 질문을 하면 어김없이 "묏자리 찾는 것 아닌가요?"라는 답변이 돌아온다. 아마 대부분이 이렇게 생각하고 있을 것이다. 하지만 사실 풍수는 인간이 살아가며 행복과 번영을 얻을 수 있는 기운을 살려주는 데 목적이 있다. 그리고 그중 꼭 가지고 다녀야 할 것들에 관하여 말하는 것이 있는데, 이를 풍수 도구라고 한다.

우리는 이런 말을 많이 하곤 한다. "난 왜 운이 살아나지 않는 걸까?" "왜 이렇게 하는 일마다 어려움을 겪을까?" 이런 생각이 들 때는 자신에게 운을 살아나게 만드는 풍수 도구가 있는지 없는지를 꼭 살펴보아야 한다. 자, 무일푼에서 현대라는 대기업을 일구어 낸 정주영 회장을 생각해 보자. 정주영 회장은 왜 그렇게 자신이 번영하던 시절에 신었던 구두를 밑창과 뒷굽을 바꾸어 가면서까지 고집해 신었던 걸까? 돈이 없어서 그랬을 거라고 생각하는 분은 아마 없을 것이다. 그렇다면 삼성가를 일구어 낸 이병철 회장은 왜 그렇게 항상 자신이 사용하던 안경테만을 고집했던 걸까? 이 역시 '근검절약이 몸에 배서'라고 생각하는 분은 없을 것이다. 자신의 기운을 살아나도록 만들고 무슨 일이든 잘 풀려나가도록 만들어 주는 풍수 도구는 분명 누구에게나 있다. 그렇다면 이 글을 보는 당신은 어떤 풍수 도구를 가지고 있는가? 당신의 배우자는 어떤 풍수 도구를 가지고 있는가? 또 당신의 자녀들은 어떠한가?

자, 이제부터 논할 이 세 가지를 꼭 신경 써보라. 아니, 하나 선물해 보도록 하라. 그리고 이제 알려드리는 방법으로 관리해 보라. 당신과 당신의 배우자 그리고 당신의 아이들은 하는 일마다 운과 성공이 따르는 사람으로 변해갈 것이다.

재벌들은 규칙처럼 여기는 습관

첫 번째, 지갑이다. 지갑 안을 한번 살펴보아라. 지갑은 풍수학에서 말하는 재물운이 살아나도록 만드는 최고의 풍수 도구 중 하나다. 대부분이 지갑 사용법에 대해서는 잘 모르고 있겠지만, 지갑 속에는 반드시 넣어둬야 할 것이 있고 또 절대 넣어두면 안 되는 것이 있다. 이제 지갑 속에 꼭 넣어두어야 할 것과 넣어두면 안 되는 것들에 대해 알려드리도록 하겠다.

지갑 속에는 가족사진과 약간의 현금 그리고 자신의 의지를 담은 문구 하나는 반드시 있어야 한다. 아마 본인이나 가족들의 지갑 속을 살펴보면, 앞서 말한 것들이 없는 경우가 대부분일 것이다. 운이 살아날 수 없었던 이유는 바로 이것 때문이다. 가족사진의 경우, 가족 모두 즐거운 모습으로 찍힌 것이라면 어떤 것이든 좋다. 만약 없다면 수일 내로 나가서 한 장 찍도록 하라. 그리고 그 사진을 하루에 한 번씩은 꼭 꺼내보도록 하라. 당신의 가족들은 분명 달라질 것이다. 늘 자신을 긴장시키는 사진 속 소중한 사람들을 보며 항상 최선을 다하는 사람으로 변해갈 것이다. 그리고 지갑 속이 텅 비는 일은 절대 없어야 한다. 자녀나 배우자의 지갑에 단돈 얼마라도 넣어주도록 하라. 물론 요즘에는 대부분 신용카드를 사용하는 탓에 현금을 들고 다니지 않는 경우가 많겠지만, 그래도 약간의 현금은 지갑 안에 들어있어야 한다. 돈은 돈을 부르고 부를 만드는 최고의 풍수 도구이기 때문이다. 간혹 지갑을 몇 년에 한 번씩 바꿔야 한다고 말하는 분이 있는데, 이는 정말 풍수를 모르고 하는 말이다. 지갑은 자신과 맞는 것이 있고 자신과 맞지 않는 것이 있다. 그래서 거부들은 아주 오랫동안 지갑을 바꾸지 않는 경우가 많다. 그러니 만약 재물운이 상승하고 있다면, 지금 사용하고 있는 지갑은 절대 바꾸면 안 된다. 낡아서 못 쓰게 되었더라도 수선을 해서 계속 사용해야 한다.

이게 바로 유명한 재벌들이 늘 규칙처럼 여기고 사는 습관이다. 사실 수많은 사람을 만나볼수록 느끼는 게 있는데, 더 크게 성공한 사람일수록 풍수에 관한 신뢰가 맹목적이라는 점이다. 상식적으로 그분들이 돈이 없어서 그러겠는가? 그러니 만약 재물운에 어려움을 겪고 있다면 지금 당장 지갑을 바꾸어라. 다시 한번 말하지만, 지갑은 절대 비싸다고 좋은 것이 아니다. 몇천 원짜리일지라도 자신과 잘 맞는 게 있고, 반대로 몇백만 원짜리지만 잘 맞지 않는 게 있다.

정주영의 구두, 이병철의 구두

두 번째, 신발이다. 늘 신는 구두와 간혹 신는 운동화는 반드시 구분해야 한다. 앞에서 이야기했던 현대 정주영 회장, 삼성 이병철 회장의 낡은 구두 일화는 이미 신문에도 났고 방송에서도 나온 적이 있기 때문에 들어본 적 있을 것이다. 그렇다면 그들은 왜 구두를 사는 것보다 더 많은 돈을 들여서 그렇게나 낡은 구두를 고집했던 걸까? 이들은 구두가 자신의 성취운을 만들어 주는 것임을 잘 알았기 때문이다. 구두가 바로 운을 살리는 풍수인 것이다. 그래서 그들은 자신의 성장 일로에 신었던 그 구두를 수십 년 동안 수선해 가며 신었던 것이고, 나중에 못 신게 될 정도로 낡았을 때는 신발장 맨 위에 올려놓고 잘 보관해 놨던 것이다. 이 낡은 구두를 보면서 자신이 힘들고 어려웠던 그 시기에 얼마나 열심히 뛰어다니고 얼마나 열심히 일했는지를 생각하며 다시 한번 의지를 다지기 위함이다. 그래서 우리 조상님들은 신발이 천 냥이면 모자는 백 냥이라고 말씀하시기도 했던 것이다.

그러니 현재 성장 일로에 있다면 구두 역시 계속 신는 게 당연하다. 발 냄새가 나든, 낡아서 해어지든, 수선을 해서라도 계속 신어야 한다. 하지만 지금 어려움을 겪고 있거나 하는 일이 잘 안되고 있다면, 제일 먼저 구두부터 바꾸어 보아라. 이때 주의해야 할 점이 있다. 구두를 바꿀 때는 모양과 상표를 완전히 다른 것으로 바꾸는 게 좋다. 구두 역시 비싸다고 좋은 것이 아니라는 점, 꼭 명심해야 한다.

벨트가 첫인상을 좌우한다

세 번째, 벨트이다. 간혹 길을 가다 보면 이러한 남자들을 한 번씩 보게 된다. 입은 옷은 흐트러져 있고 정장 바지는 입었는데 허리띠가 아래로 축 처져있어 볼썽사나운 모습의 아저씨들 말이다. 옷매무새는 상대에 대한 예의이며, 어떤 대학이든 최고 경영자 과정에서 필수적으로 수강해야 하는 에티켓이다. 왜일까? 이는 깔끔한 옷매무새와 단정한 말투가 좋은 첫인상을 남기기 때문이다. 또한 부유한 사람들은 이를 잘 안다. 하여 옷을 깔끔하게 단정하게 입은 사람은 만만하게 대하지 못하는 것이다. 옷매무새의 균형을 잡아주는 것이 바로 벨트이다. 그래서 에티켓 교육을 하는 곳에서는 벨트 착용법으로 많은 시간을 할애한다. 그러니 혹시 남편의 벨트가 너무 오래되어 계속 풀리지는 않는지, 늘어나지는 않았는지 꼭 체크해 보라. 만약 그렇다면 당장 새것으로 바꾸어 주어라. 그래야 운이 살아나게 된다. 당신의 남편을 어느 누구에게도 우습게 보이지 않는 남자로 만들어 주어라. 당신의 아들에게도 마찬가지이다. 이렇게 해야 당신의 남편과 아들의 운이 쑥쑥 잘 살아나게 된다.

풍수 도구의 조건은 무엇일까?

운을 살려내는 풍수 도구는 분명 있다. 그렇다면, 풍수 도구의 조건으로는 무엇이 있을까? 풍수 도구는 내가 항상 가지고 다니는 것, 내 몸에서 오랫동안 떨어지지 않는 것 그리고 나에게 맞는 것이어야 한다. 이 물건들에서 나오는 작은 기운들이 쌓이면서 주위 사람들에게 큰 영향을 주기 때문이다. 그러니 앞서 언급한 세 가지는 꼭 신경 쓰길 바란다.

인정받는 여자의
목걸이, 귀걸이, 반지

앞에서는 남성의 운을 살리는 물건에 관해 이야기했다. 그렇다면 여성의 운을 살려주는 풍수 도구는 없는 걸까? 실제로 필자의 추천을 듣고 어려움에서 벗어난 분들이 많으며, 전통 풍수학에서도 반드시 여성들에게 하기를 권하기도 했다. 그리고 현대사회의 여성 대부분이 하고 있기도 하다. 하지만 제대로 된 사용법과 자신에게 맞는 것을 고르는 방법을 몰라 대부분이 잘못 사용하고 있으며, 이로 인해 그 효과를 전혀 보고 있지 못하고 오히려 해를 보고 있는 분도 많다.

자, 이제부터 알려주는 대로 한번 따라서 해보라. 분명 스스로 운의 기운을 느끼게 될 것이고, 변해가는 자신을 발견하게 될 것이다.

당신의 악세서리로 운을 불러라

첫 번째, 목걸이는 절대 함부로 하면 안 된다. 목걸이가 숨골을 덮어서는 안 되고, 가죽이나 끊어지기 쉬운 천 또는 실로 꼬인 모양의 목걸이 줄을 착용해서도 안 된다. 다음으로, 펜던트는 반드시 있어야 한다. 펜던트에 자신의 소망이나 가족들을 위한 기원을 적어놓으면 풍수적인 기운이 살아날 수 있다. 그리고 몸이 왜소한 사람은 상대적으로 조금 굵은 줄을, 몸이 거대한 사람은 상대적으로 조금 가느다란 줄을 사용하는 게 좋다. 이는 목걸이의 기운이 펜던트로 전부 모여 분출되도록 하기 위함이고, 줄의 굵기는 음양의 조화를 맞추기 위함이다. 금 목걸이라면 웬만해서 해가 되는 경우는 없으나, 은 목걸이의 경우 마른 체형의 사람들은 피하는 게 좋다.

두 번째, 귀걸이는 운을 만드는 아주 중요한 물건이다. 나이를 먹어 귀걸이 하는 것을 귀찮아하는 분도 있겠지만, 귀걸이가 본인의 재물운을 상승시키는 데 큰 도움이 된다는 것을 꼭 알았으면 한다. 어르신들이 귀가 큰 사람을 보고 "저 사람 잘 살겠네"라고 말하는 걸 들어본 적 있을 것이다. 이는 귀가 재물운과 성취운을 살려주는 곳이기 때문이다. 그렇기 때문에 귀를 자극하는 귀걸이는 최고의 풍수 도구가 될 수 있다.

　조선 시대에는 남자들도 귀걸이를 했다고 한다. 남자가 귀걸이를 하는 것은 선조 때 귀걸이 금지령이 내려지기 전까지 일상적인 모습이었고, 이는 귀걸이가 풍수 도구임을 나타내는 반증이기도 하다. 귀걸이를 하자. 가능한 한 가느다랗고 작은 것으로. 조금 늘어진 것이라면 더욱 좋다. 그리고 귀걸이 역시 금이면 아주 좋고 은이라도 괜찮다. 하지만 귀걸이를 해서 염증이 생긴다든가 고통이 생긴다면 절대 해서는 안 된다. 이는 재물운을 만드는 귀를 상하게 해 스스로 해를 입힐 수 있기 때문이다.

　세 번째, 반지는 항상 착용하는 게 좋다. 이는 남성에게도 해당되는 부분이다. 아마 필자의 유튜브 영상을 보면 반지에 관한 이야기가 많을 것이다. 그 영상을 보고 많은 분이 "반지를 많이 하면 좋은가요?"라고 묻기도 하는데, 명심해야 할 것이 있다. 반지는 하나만 하는 게 가장 좋고, 많아도 두 개를 넘기지 않는 게 좋다. 드라마를 보면, 명문가 어머님들이 며느리에게 자신이 쓰던 쌍가락지를 물려주는 장면이 나오곤 한다. 손가락에 낀 반지는 재물운의 상징이기에 이는 집안의 모든 관리 관한을 물려준다는 의미인 것이다. 또한 재물운을 위한 반지는 반드시 약지에 끼워야 한다. 아마 보통은 약지를 결혼반지를 끼는 손가락으로 생각하겠지만, 이는 서양의 전통이고 수상학에서 약지는 결합과 화합을 의미하며 약지에 금반지를 끼면 재물운이 상승한다고 말한다.

자, 주먹을 쥐고 손가락을 하나씩 펴보라. 아마 다른 손가락은 모두 하나씩 펴지겠지만, 약지는 절대 하나만 펴지지 않는다는 걸 알게 될 것이다. 이는 손의 근육이 모두 약지로 모이기 때문이다. 그래서 약지를 손의 모든 기운이 모이는 곳이라고 말하는 것이다. 서양에서 약지의 길이로 바람기를 측정하는 것도 이와 무관하지 않다.

상갓집 다녀와서
소금 뿌리는 것은 일본식 전통

얼마 전 필자의 사무실에 손녀가 태어나서 이름을 지으셨던 할아버지 한 분이 다녀가셨다. 할아버지께서 "교수님, 지금은 아무래도 낚시를 가지 않는 게 좋겠죠?"라고 물으시기에 "당연합니다. 아무래도 집안에 경사가 생겼을 때는 불필요한 살생을 해서 좋을 게 없습니다"라는 말과 함께 이번 한 달은 좀 참으시라고 조언해 드렸다.

어느 집이든 경사도 있고 흉사도 있기 마련이다. 이 시기에는 몸가짐을 바르게 하여 경사는 더욱 행복하고 즐겁게 즐기고, 흉사는 마음을 모아 한마음으로 애도하고 안타까워하는 것이 바른 자세이다. 하지만 문상을 아무런 준비가 되지 않은 상태로 가야 하는 경우도 있다. 또한 요즘에는 활동 범위가 아주 넓어 일가가 아니더라도 친구의 부모님이나 동료의 부모님 등 반드시 가야만 하는 문상도 많다. 예전에는 장례라고 하면 주로 일가이거나 동네에 아는 사람 한 분이 치르는 장례인 경우가 대부분이었으나, 요즘의 장례식장은 한 곳에서 여러 상을 같이 치르고 있으며, 어디에서 아주 흉한 상을 당한지를 알지 못하기에 문상을 가면서도 괜히 찜찜한 마음을 안고 가는 경우가 많다.

"난 기독교를 종교로 가지고 있어. 귀신을 믿지 않아. 하나님이 지켜주실 거니까"라고 말하는 분도 있을지 모른다. 하지만 그런 사람이라도 상갓집을 다녀오고 나면 괜히 찜찜한 기분이 드는 건 부인할 수 없을 것이다. 이 찜찜하고 꺼림칙한 느낌은 무엇 때문일까? 필자 역시 이 느낌을 명확히 설명하긴 어렵다. 귀신을 직접 본 적이 없으니 말이다. 하지만 귀신의 존재를 믿든 안 믿든, 조심해서 나쁠 건 없지 않은가? 예부터 상갓집에 갈 때 꼭 가지고 가라고 말하는 것이 있다. 어떤 사람은 소금에 관해서 이야기하던데, 이는 일본의 전통이고 사상이며 우리의 전통 그 어느 곳에서도 소금이 귀신을 접근하지 못하도록 한다고 이야기하는 곳은 없다. 한 가지 예를 들자면, 제사 음식을 만들 때 고춧가루는 쓰지 않지만 소금을 안 넣는 경우는 보지 못했다. 이렇듯 소금은 귀신과 전혀 상관이 없다. 앞으로 이야기할 '이것'들은 상갓집 주변에 있는 잡스러운 귀신들이 접근을 하지 못하도록 만드는 최고의 수단이다. 이제부터 상갓집에 꼭 가지고 가야 하는 것들에 대해 알려드리도록 하겠다.

악령은 양의 기운을 이기지 못한다

첫 번째, 고춧가루이다. 상갓집에 갈 땐 고춧가루를 비닐봉지에 담아서 주머니에 넣고 다녀오라. 사실 상갓집은 음양론으로 봐도 죽은 기운인 사기, 즉 음의 기운이 아주 강한 곳이다. 그렇기 때문에 반드시 양기가 강한 물질, 귀신이 가장 싫어하는 물건을 소지하고 있어야 한다. 또한 이 같은 이유로 고춧가루를 넣어 음식을 만들면 돌아가신 조상님들도 올 수가 없기에 제사 음식을 만들 때는 절대 고춧가루를 넣지 않는 것이다.

아마 다들 시중에 나와있는 수많은 '태양초 고추장' 때문에 태양초라는 단어가 익숙할 것이다. 태양초는 인공적인 열을 가하지 않고 태양에 건조시킨 고추를 의미한다. 그래서 태양초 고춧가루가 들어간 음식을 먹고 나면 몸에서 땀이 나고 열이 나는 것이다. 고춧가루를 가지고 가는 게 번거롭다면, 붉은 고추 하나를 가지고 가는 것도 괜찮다.

이쯤에서 이렇게 묻는 분들도 있을 것이다. 상갓집에 가면 고춧가루가 잔뜩 들어간 육개장을 주지 않느냐고 말이다. 하지만 육개장은 손님들이 드시는 것이지 제사상에 올리는 것은 아니다. 붉은 고춧가루가 잔뜩 들어간 육개장은 행여 손님들에게 붙을 수 있는 불결한 액운을 막기 위한 음식이다.

두 번째, 붉은 팥이다. 밤은 어둠이 가득하여 음이라고 하며, 낮은 밝음이 가득하여 양이라고 한다. 그렇다면 혹시 1년 중 밤이 가장 긴 날이 언제인지 아는가? 바로 동지이다. 동지는 1년 중 음기가 가장 강한 날이며, 예부터 이날은 모든 귀신이 밤새도록 돌아다닌다고 해서 부럼*을 깨기도 하고 신발을 뒤집어 놓기도 한다. 또 동짓날 반드시 먹어야 하는 음식이 있다. 바로 팥죽이다. 팥은 귀신이 절대 접근하지 못하도록 만드는, 양기가 가장 강한 곡식이다. 그래서 무속인들이 잡귀를 쫓아낼 때 팥을 뿌리기도 하는 것이다. 그러니 팥알몇 개를 주머니에 넣고 상갓집에 가는 것도 좋은 방법이다.

사실 많은 사람이 잘못 알고 있는 게 있다. 상갓집에 갔을 때 왠지 찜찜하고 무서운 기분이 드는 건, 이 장례식장의 다른 상갓집에서 객사를 당한 사람들의 장례가 치러지고 있을지 모르기 때문이다. 한

---

* 음력 정월 대보름날 새벽에 깨물어 먹는 딱딱한 열매류인 땅콩, 호두, 잣, 밤, 은행 따위를 통틀어 이르는 말

맺힌 원혼들이 우리에게 붙을지도 모르기에 무서운 것이다. 앞에서도 언급했지만, 요즘은 어느 상갓집이든 단독으로 장례를 치르는 곳은 거의 없다. 큰 대학병원의 장례식장 같은 경우에는 수십 개의 장례를 동시에 같이 치르기도 한다. 어느 곳에 객사를 당한 혼령이 있을지 모르기에 이는 스스로 혹시 모를 불행이 생기는 것을 막는 가장 좋은 수단이다.

세 번째, 십자가나 염주, 묵주이다. 아무리 한 많은 혼령이라도 절대 범접하지 못하는 곳이 있다. 바로 교회, 절, 성당이다. 서양의 퇴마 의식을 보면 항상 단골처럼 등장하는 퇴마 도구가 있는데, 하나님과 예수님을 상징하는 성경과 십자가이다. 또한 동양의 퇴마 의식에서도 항상 단골처럼 등장하는 것이 있다. 바로 스님들이 사용하는 목탁과 염주이다. 그렇기 때문에 종교적 미사나 예식을 위해 단체로 장례식장을 방문하는 분들은 잡귀의 침범으로 인한 걱정은 전혀 없다고 해도 과언이 아니다. 절이나 교회, 성당 등에서 집전하는 장례식에 참여하는 분들도 마찬가지이다. 그래서 성당에서는 돌아가신 분의 시신을 앞에 두고 일반인을 대상으로 미사를 보기도 하는 것이다.

하지만 문제는 개인 장례식장이나 병원 장례식장을 방문하는 분들이다. 이때는 자신이 믿는 종교의 물건, 즉 십자가나 염주, 묵주

등을 주머니에 넣어서 가지고 가야 한다. 그리고 장례식장에서 잠시라도 벗어났을 때는 이 물건들을 손에 꼭 쥐고 있어야 한다. 물론 누군가는 지금껏 수백 곳도 넘는 장례식장을 다녔지만 아무 일도 없었다고 말할 수도 있다. 하지만 10년, 20년 동안 무사고로 운전하는 사람도 있으나, 1년도 안 돼 몇 번의 교통사고를 당하는 사람도 있는 법이다. 이는 이들의 능력에 차이가 있는 게 아니라 늘 조심하고 주의하는 습관이 부족하기 때문이다. 편안하고 행복하게 자기 수명을 다한 분들이야 당연히 한이 없겠지만, 뜻하지 않게 흉상을 당했다면 이승에 대한 애틋함이 남아있을 수밖에 없다. 이러한 원혼들로 인해 행여 모를 피해를 입지 않기 위해서라도 앞서 말한 것들은 가지고 가는 게 좋다.

귀신이 들러붙지 못하는 장소

앞에서 상갓집에 갈 때 꼭 가지고 가야 할 것들을 알려드렸으니, 이번엔 상갓집에서 집으로 돌아올 때 꼭 들러야 하는 곳에 대해 알려드리도록 하겠다. 상갓집에서 집으로 돌아올 때는, 이제부터 알려드리는 세 곳 중 한 곳에 꼭 들르도록 하라. 그래야 혹시 모를 흉한 일들을 예방할 수 있다. 앞서 말했듯 요즘 장례식장은 한곳에서 여러 장례가 동시에 치러지기 때문에 호상도 있을 수 있고 악상도 있을 수 있다. 무속인들은 자기 천수를 다 누린 분들의 경우에는 이승에 한도 없고 원도 없다고 말하기도 한다. 하지만 문제는 악상을 당한 사람들이다. 사고로 상을 당하면 영혼은 원한을 가지기 마련이고, 이러한 원혼은 천도되기 전에 한을 풀 대상을 찾는다는 것이다. 물론 그 어떤 영혼도 자기 가족이나 친지 그리고 자기를 문상하러 온 사람들에게는 피해를 주지 않는다고 한다.

아마 가족을 떠나보낸 적이 있다면 장례식 마지막 날 입관을 할 때 이런 말을 들어보셨을 것이다. "이제 마지막 인사를 하세요. 비록 돌아가셨지만 귀는 모두 열려있으니, 망자가 편안하게 가실 수 있도록 마지막으로 좋은 말씀 해주세요"라는 말, 말이다. 이 말은 다시 말해 돌아가신 다음에도 며칠 동안 영혼이 우리와 같이 있다는 이야기이기도 하다. 하지만 만약 상이 호상이 아닌 악상이라면 어떨까? 그렇기 때문에 장례식장에 갈 때는 앞에서 이야기한 세 가지 중 하나는 꼭 가지고 가야 하며, 집으로 돌아올 때는 이제부터 말할 세 곳 중 한 곳에는 꼭 들러야 한다.

첫 번째, 화장실이다. 화장실은 절대 원기가 들어올 수 없는 곳이라고 한다. 예로부터 화장실은 모든 부정한 것을 소멸시키는 장소라고 했다. 그러니 화장실에 무조건 들러야 하며, 가능하다면 소변도 보고 나오는 게 좋다. 그리고 최대한 장례식장 화장실이 아니라 사람들이 많이 이용하는 다른 화장실로 가도록 하라. 아무리 원한이 많은 영혼이라도 많은 사람의 기운은 이길 수 없다. 그래서 원혼도 사람 많은 곳과 화장실을 두려워한다고 한다. 따라서 집에 들어가기 전에 꼭 사람이 많이 다니는 곳의 화장실에 들러야 한다.

두 번째, 아주 밝은 곳이다. 어둠, 즉 음의 기운이 가장 강한 장례식장을 다녀왔으면 밝은 장소에 들러서 음의 기운을 완전히 씻어주어야 한다. 마치 밤이 지나고 아침 해가 뜨며 또 낮이 되는 것과 같은 이치이다. 원한이 많은 혼령들이라도 밝은 곳은 견디지 못한다. 들어가는 순간 모두 소멸된다. 그렇기 때문에 밝은 조명이 비치는 실내로 들어가는 게 가장 좋다. 만약 시간이 부족해 실내로 들어가기 어렵다면, 자동차 실내등을 모두 켠 후 창문을 조금 열고 10분 정도 운행하는 것도 하나의 방법이다.

혹시 붙었을지 모를 나쁜 원혼들은 전부 밝은 기운이 강하게 비치는 곳에서 소멸시켜야 한다. 그러니 장례식장에서 집으로 돌아올 때는 꼭 밝은 조명이 비치는 곳에 잠시 들러라. 그리고 그곳에서 화장실에 들러라. 소변도 한번 보고 손도 한번 씻은 다음, 가지고 갔던 것 전부 이곳에 버리면 불쾌한 액이 모두 사라지게 될 것이다.

세 번째, 교회나 절, 성당이다. 앞에서도 말했지만, 세상 그 어떠한 악한 혼령도 절대 범접할 수가 없는 곳이 바로 교회이며 절이며 성당이다. 예수님의 영역, 부처님의 영역, 하나님의 영역에서는 그 어떠한 악한 기운도 선한 기운으로 교화되기 때문이다. "나는 종교를 믿지 않아"라거나 "에이, 절에는 한 번도 안 가봤는데"라고 말할 수도 있겠지만, 아마 하나님이나 부처님께서는 믿든, 믿지 않든 상관하지 않으실 것이다. 그러니 이곳에 들러서 잠시라도 머물다 가라. 성당에 들른다면 성수를 조금 얻어서 몸에 뿌리는 것도 하나의 좋은 방법이며, 절에 들른다면 맑은 물에 손을 한번 씻는 것도 좋은 방법이 될 수 있다.

기운이 약한 사람이라면 더더욱 원칙을 지켜라

장례식장에 간다고 무조건 불결한 액이 붙는 것은 아니다. 사실 인간은 굉장히 나약한 존재이기 때문에 우리 마음속에는 언제나 '혹시나' 하는 마음이 생길 수 있다. 그렇기에 이러한 것들을 지켜야 한다고 강조하는 것이다. 세상에는 기가 아주 강한 사람도 있고 아주 약한 사람도 있다. 기가 강한 사람들은 '그런 게 어디 있어. 내가 다 이겨낼 수 있어'라고 생각하며 금방 자기 일로 복귀할 수 있겠지만, 기가 약한 사람들은 그렇지 않다. 괜히 이상한 일이라도 생기면 '괜히 갔다 왔나', '에이, 가지 말걸 그랬나' 하고 생각할지도 모른다. 모든 것은 우리 마음이 만들어 내는 것이다. 혹시 자기가 후자와 같은 생각을 할지도 모른다고 생각하면, 장례식장에서 돌아올 때 반드시 알려드린 세 곳 중 한 곳은 들르도록 하라. 분명 모든 불결한 액은 사라지고 소멸할 것이다.

쓰던 모자 잘못 주면
'명예운'이 딸려 간다

동양학에서는 남에게 함부로 주면 안 되는 물건도 있고, 또 함부로 얻으면 안 되는 물건도 있다고 말한다. 집안에 흉한 운을 불러들일 수 있기 때문이다. 하지만 주고받는다는 개념이 선물일 수도 있고 그냥 얻어오는 것일 수도 있기에 이를 명확히 구분할 필요가 있다.

먼저, 선물은 복을 담아서 남에게 줄 수 있는 것이어야 한다. 의미 없이 함부로 주면 안 된다. 그리고 상대가 꼭 필요한 것을 주는 게 가장 좋겠지만, 선물의 의미가 명예, 행복, 재물, 번영을 상징하는 것이라면 아주 신중해야 한다. 이제부터 알려드리는 다섯 가지 물건은 절대 의미 없이 함부로 나누어 줘서는 안 되며, 꼭 주어야 하는 사람에게만 줘야 한다. 우리 조상님들은 이 다섯 가지를 무엇보다 귀히 여기셨고, 절대 함부로 남에게 주면 안 된다고 말씀하셨다.

선물의 의미

첫 번째, 집에서 기르던 식물이다. 집에서 기르는 식물은 가족이라는 의미가 있기 때문이다. 우리가 집에서 기르는 강아지나 고양이를 가족이라고 여기고 기르는 것처럼, 우리 조상님들은 집에서 기르는 수목을 가족이라고 여기셨다. 특히 우리 손때가 묻은 집안에서 오래도록 성장하며 가족 중 한 사람의 정성이 담긴 것이라면, 이미 가족들과 기의 흐름을 공유하며 일정 부분 동화되어 있는 것이다. 그러니 식물 입장에서도 남에게 가는 게 달가울 리 없다.

풍수학에서는 식물을 가정의 화목을 상징하는 것이라고 본다. 그러니 생각 없이 남에게 준 식물은 자칫 가정의 화목 운을 깨어버릴 수 있다. 따라서 아끼는 분 또는 존경하는 분에게 식물을 선물하고 싶다면, 새로 사서 주는 게 좋다.

두 번째, 오래된 가구이다. 풍수학적으로 가구는 행복을 의미한다. 오래되어 못 쓰는 가구라면 폐기해야 한다. 절대 남에게 주어서는 안 된다. 예로부터 가구를 나눈다는 것은 분가를 의미한다. 하여 우리 조상님들은 한번 가구를 들이면 절대 바꾸는 일이 없었고, 이를 버리는 것조차 몹시 꺼리셨다. 가구가 아내의 것이라면 아내가 분가를 한다는 의미이니 집을 나간다는 것을 의미하고, 남편의 것이라면 남편이 분가를 한다는 의미이니 남편에게 새로운 가정이 생긴다는 것을 의미하기 때문이다. 만약 자녀의 것이라면 자녀의 안위에 문제가 생긴다고 보셨다. 그렇기에 가구는 절대 남에게 주는 일이 없어야 하며, 수명을 다해 바꿔야 하는 상황이라면 폐기하는 게 맞다.

세 번째, 모자이다. 모자는 자신의 명예를 상징하는 것이다. 우리 조상님들은 의복은 남에게 빌려주더라도 갓은 절대 남에게 빌려주지 않으셨다. 또한 사모*도 관직에 차이를 두고 착용하며 자기의 것을 엄격히 하셨다. 이는 《경국대전》에 나와있는 내용이다. 명예는 그 누구와도 같이할 수 없다. 요즘 다양한 스타일의 모자가 나오고 있긴 하지만, 과거 풍수학에서는 사모가 바르고 갓을 흐트러지지 않게 착용해야 명예운이 좋아진다고 말했다. 그러니 우리 조상님들은 갓을 남에게 빌려주는 것을 자신의 명예를 남에게 주는 것이라고 여

---

* 고려 말기에서 조선 시대에 걸쳐 벼슬아치들이 관복을 입을 때에 쓰던 모자

겨, 갓끈이나 사모의 뿔을 빌려주기는 했어도 갓은 절대로 빌려주지 않았던 것이다.

네 번째, 지갑이다. 지갑은 자신의 재물운을 상징하는 물건이다. 과거에는 지갑을 종이나 비단으로 만들어 사용하기도 했으나, 반드시 지갑 안에는 자신의 문양이나 글을 새겨 가지고 다니는 게 원칙이었다. 이는 그만큼 지갑의 중요성을 생각했다는 뜻이다. 사실 풍수학은 무의식을 자극하는 학문이다. 쉽게 말해, 자신의 무의식이 만드는 행동들이 곧 자신의 번영과 몰락을 만든다는 학문이라는 것이다. 그래서 풍수학에서는 자신이 사용하던 지갑을 남에게 주는 것은 자신의 재물을 남에게 주는 것과 같다고 본다. 그렇기 때문에 자기가 사용하던 헌 지갑은 절대 남에게 주어서는 안 된다. 또 새 지갑이더라도 나와 장래를 같이할 사람이거나 같은 경제권 아래에 있는 부부나 가족이 아니라면 선물해서는 안 된다.

지갑을 선물한다는 것은 남에게 보이는 최고의 신뢰일 수도 있다. 하지만 경우에 따라서는 '내가 부자이니까 내 재물을 너에게 나누어 줄게'라는 의미로 해석되어 오해를 일으킬 수 있다. 사실 많은 사람이 큰 의미 없이, 별생각 없이 지갑을 선물한다. 하지만 꼭 알아야 한다. 전 세계 어느 곳에서도 지갑을 가족이 아닌 다른 사람에게 선물하는 경우는 없다는 것을 말이다.

다섯 번째, 책이다. 책은 이미 너무나 흔한 것이기에 아마 대부분이 책의 의미에 대해서는 자세히 생각해 보지 않았을 것이다. 하지만 책은 자신의 학식을 가리키는 것이며, 풍수학에서는 우리가 사용하는 모든 물건 중 가장 강한 양기를 가진 것이라 하여 번영을 상징하는 대표적인 풍수 도구라고 판단하고 있다. 그렇기에 책은 함부로 주고받는 것이 아니라 반드시 제자나 존경받는 사람에게 선물해야 한다. 또한 책을 선물할 때는 친필로 서명해서 주어야 한다. 반대로 책을 선물 받을 때도 마찬가지이다. 풍수학에서는 책장에 꽂힌 책들은 내 권위이자 성취를 가리킨다고 말한다.

망한 집 물건에 손대면
부정 탄다는 말

　남에게 함부로 주어서는 안 되는 물건이 있듯이, 남에게 함부로 얻어서는 안 되는 물건도 분명 있다. 이는 풍수학에서 집안의 흉사를 가지고 온다고 말하는 것들이다. 이제부터 알려드리는 네 가지를 잘 기억하길 바란다.

　첫 번째, 오래된 가구이다. 오래된 가구에는 그 가구를 사용한 사람의 혼이 담겨있다. 살아있는 사람의 가구여도 문제가 되는데, 심지어 유명을 달리하신 분의 가구라면 더더욱 절대 얻어 와서는 안 된다. 이로 인해 가족의 질서와 행복이 깨질 수 있다. 고가구로 제작된 것이나 사용한 지 얼마 되지 않은 것이라면 상관없을 수 있지만,

그래도 오랫동안 사용한 가구를 생각 없이 얻어 오는 일은 자제해야 한다. 이는 풍수학에서 말하는 일종의 동기감응同氣感應이다. 동기감응이란 사람은 누구에게나 고유한 기의 흐름이 있으며, 이 기에 오랫동안 동화된 기의 파장이 타인에게 주어질 때 서로 간 불협이 생겨 기의 파장이 깨어질 수 있다는 의미이다. 쉽게 말해, 돌아가신 분의 가구일 경우 고인의 정이 가구에 담겨 타인에게 해를 줄 수 있다는 뜻이며, 풍수학에서 말하는 인간에게 가장 나쁜 기운인 죽음의 기운이 우리 집으로 전달될 수 있기 때문이다.

두 번째, 남이 쓰던 가재도구다. 특히 날카로운 물건이나 사연이 담긴 그림이나 액자라면 정말 큰일 날 일이다. 풍수학에서는 원래 우리 집에 있던 물건이라도 날카로운 물건이나 균형이 맞지 않는 그림, 액자는 아주 불길한 것으로 본다. 그런데 굳이 남에게 이것을 얻어 올 필요가 있을까? 날카로운 물건은 집안에 화를 불러올 것이고, 사연이 담긴 그림이나 액자는 집안에 분란을 일으킬 것이다. 그럼에도 꼭 가져오고 싶다면, 반드시 구매해서 가지고 와야 한다. 그 어떤 흉한 물건이라도 돈을 주고 사는 순간, 길함을 위해 우리 집에 들여놓은 물건이 되기 때문이다.

죽음의 기운이 서린 물건들

세 번째, 망자의 옷이나 도구이다. 풍수학에서는 망자의 물건은 무조건 맑은 날 불태워서 하늘로 날려 보내는 게 원칙이다. 부모님의 물건일지라도 그러한데, 심지어 그게 남의 것이라면 어떻겠는가? 세상 모든 곳에는 생生의 영역이 있고 사死의 영역이 있다. 생의 영역 물건은 어떠한 의미를 부여해서 전환하는 게 가능하지만, 사의 영역 물건은 무조건 폐기해야 한다. 물론 부모님의 유품 같은 소중한 것이라면, 한두 개 정도 보관하는 것은 괜찮다.

네 번째, 망해가는 집의 물건이다. 경매로 나온 집이나 그 집의 물건들이 시중가의 절반도 되지 않는다는 사실은 다들 잘 아실 것이다. 또 이것을 이용해 돈을 버는 분들도 계실 것이다. 하지만 그거 아는가? 중고 물품을 취급하는 사람들도 이러한 물건은 절대 자신이 사용하지 않는다. 지인 중 한 분이 이런 중고 물품을 경매에서 낙찰받아 취급하고 있는데, 이분조차 도대체 그런 집에서 나온 물건들을 왜 사는지 이해가 안 된다고 말한다. 남의 눈물과 한이 서린 물건인데 말이다. 남에게 얻는 것은 서로 기쁘고 즐겁게 웃으면서 주고받아야 한다. 뒤돌아서 눈물 흘리는 물건은 집에 들여서 좋을 게 하나도 없다.

생일에 먹는
미역국의 의미

　아마 대부분이 생일날 선물을 해주는 것에 관해서는 잘 알고 있고 나름대로 신경 쓰면서 살고 있겠지만, 생일날 먹어야 하는 음식에 관해서는 미역국을 제외하고는 잘 모를 것이다. 하지만 부자가 되려면 반드시 생일날 이 음식들을 먹어야 하는데, 이는 사람이라면 자존감으로 살고 자신감으로 성장해 나가기 때문이다. 만일 자존감이 낮다면 사람은 늘 자기 존재에 대한 부정을 할 테니 어딜 가나 항상 소극적일 수밖에 없을 것이며, 스스로 아무리 뛰어난 능력을 가지고 있다고 하더라도 그 능력이 발휘되기는 어려울 것이다. 자신감역시 마찬가지이다.

자존감과 자신감은 가정에서부터 출발하고 만들어진다. 그래서 우리 조상님들은 가정이 세상을 만드는 근본이라고 하여 제가齊家 이후의 치국治國이고 평천하平天下라고 말씀하셨던 것이다. 그러니 먼저 가정에서 가족들이 사랑받고 대우받고 존중받고 있다는 것을 인식시켜 주어야 한다. 이를 알 수 있는 게 바로 생일상이다. 아마 자신의 생일을 아무도 기억해 주지 않는다면, 누구라도 당당하게 자존감을 뽐내며 살아가기는 힘들 것이다. 하지만 반대로 앞으로 이야기할 생일상을 받게 된다면, 어깨는 쫙 펴질 것이고 어디를 가든 내가 가진 능력을 전부 다 발휘하며 당당히 살아가게 될 것이다. 그러니 이제부터 이야기할 네 가지 음식을 잘 기억해서 당신의 배우자와 자녀의 생일상에 올리도록 해라.

부자의 생일상엔 이 음식들이 올라간다

첫 번째로 존중의 의미를 갖는 음식을 준비하라. 이는 우리 가족이 모두 당신을 존경하고 존중한다는 의미이며, '이 음식'을 먹는 당신이 세상의 모든 사람에게 대우받는 사람이 되기를 기원한다는 의미이다. '이 음식'은 바로 생선의 왕이라고 불리는 조기이다. 어느 지역에서는 비슷한 의미로 소고기를 생일상에 올리기도 하지만, 인간은 육지에 사는 동물이기에 바다의 음식, 즉 생선을 준비하는 게 옳다. 하지만 그렇다고 소고기를 올리는 게 잘못되었다고 말하는 것은 절대 아니다. 소고기 역시 우리 민족에게 소중한 음식이고 또 아주 귀한 사람들에게만 대접했던 음식이기 때문에 이 또한 아주 좋다.

하지만 돼지고기 또는 갈치나 명태, 오징어 등과 같은 다른 종류의 생선을 생일상에 올리는 것은 좋지 않다. 예컨대 제사상에 갈치나 명태, 오징어 같은 생선이 올라가는 경우는 없다. 반드시 조기가 올라간다. 이는 제사상에는 반드시 가장 귀하고 정성 어린 음식을 올려야 하기 때문이다. 생일상 역시 마찬가지이다. 제사상이라는 비유를 들어서 이상하게 생각하는 분들도 있을 수 있겠지만, 음식이 가진 의미만을 생각한다면 조기는 반드시 생일상에 올려야 한다. 당신이 어디를 가나 존중받고 대우받으라는 의미에서 말이다.

두 번째로 인복을 강하게 만들어 주는 음식을 준비하라. 인복을 강하게 만들어 주는 음식에는 과연 무엇이 있을까? 바로 미역국이다. 미역은 바닷속에서 다른 미역들과 서로 엉켜 더불어 살면서 함께 성장해 나간다. 하여 우리 조상님들은 미역이 인복을 상징하는 음식이며, 수많은 사람과 더불어 살면서 많은 인복을 얻기를 기원하는 음식이라고 말씀하셨던 것이다. 미역에는 수많은 영양분이 들어 있어서 산모들도 먹지만, 산모가 먹는 미역국은 건강을 기원하는 의미의 음식이며 생일날 아침에 먹는 미역국은 수많은 인복을 기원하는 음식이라 그 의미가 다르다. 또한, 한 가지 주의할 점이 있다. 미역국을 만들 때 소고기를 넣어서 끓이는 경우가 많을 텐데, 소고기를 넣은 미역국을 생일상에 올렸다고 해서 생일상에 소고기를 제외시키면 안 된다는 것이다. 미역국은 인복을 강하게 해주는 음식이고, 소고기는 존경과 존중의 의미를 가지는 음식이라 의미가 전혀 다르기 때문이다. 생일상에 존경과 존중의 의미를 담은 음식을 올리고 싶다면 미역국과 소고기는 생일상에 각각 올려야 한다.

세 번째로 건강을 기원하는 음식을 준비하라. 장수를 기원하는 우리 민족의 대표적인 음식이 바로 국수이다. 그래서 결혼식을 '국수를 먹는다'라는 표현으로 대체하기도 한다. 이는 행복하게 같이 오래도록 살라는 의미로, 일상에서 "국수 언제 먹여줄 거야?"처럼 쓰곤 한다. 하지만 생일상에는 국수가 아닌 잡채를 준비하는 게 최고이다. 잡채는 살아가며 수많은 병치레를 하더라도 모두 이겨내고 우뚝 서라는 의미를 가진 음식이기 때문이다.

네 번째로 번영과 성공을 기원하는 음식을 준비하라. 한민족의 주식은 밥이다. 밥은 식복食福, 즉 성공과 번영을 기원하는 음식이며, 우리 조상님들은 밥을 먹는 것을 보고 '식복이 있다' 또는 '식복이 없다'라고 판단하기도 하셨다. 그럼 밥 중의 밥은 과연 무엇일까? 바로 찰밥이다. 찰밥은 인생을 살아가면서 그 어떠한 재수 없는 일도 생기지 않기를 기원하는 음식이다. 물론 오곡밥도 같은 대우를 받으니 둘 중 하나를 준비하면 된다. 하지만 원칙은 찰밥이다. 찰밥은 끈끈하며 차지다. 이처럼 찰밥은 성공을 위해 끝까지 포기하지 말고 한 가지 일을 꾸준히, 변함없이 하기를 기원하는 음식이다. 끈끈하고 차지게 말이다. 또한 찰밥은 구설수와 관재구설官災口舌을 막아준다는 의미를 가지고 있는 음식이기도 하다. 한마디로 재수 없는 일을 막아주는 음식이라는 것이다. 그래서 예로부터 동짓날에는 반드시 찰밥을 먹었다. 동짓날은 1년 중 음기가 가장 강한 날이라 온통 재수 없는 귀신들이 돌아다닌다고 하는데, 이 귀신들이 사람들에게 해를 입힐 수도 있으나 찰밥을 먹으면 절대 해를 입힐 수 없다고 한다.

요리의 완성은 사랑

아마 이런 생각을 하는 사람도 있을 것이다. '그럼 생일에는 한정식집에 가면 되겠네'라고 말이다. 하지만 음식은 사랑과 정성이 중요하다. 진정 당신의 배우자를, 또 자녀들을 생각한다면 앞서 말한 음식들을 직접 준비하는 게 좋다. 오늘 생일을 맞은 당신의 가족은 그 성의에 분명 감동받을 것이며, 당신의 사랑 역시 느끼게 될 것이다. 어쩌면 '이 정성에 내가 최선으로 보답해야지' 하는 마음을 가지게 될지도 모른다. 이것이 바로 가족의 힘이며 이 힘으로 성공도 하고 성취도 하는 것이다. 사람은 자신을 위해서 무언가를 할 때보다 자신이 진정으로 사랑하는 사람을 위해서 무언가를 할 때 더 큰 힘을 발휘하게 되는 법이니까 말이다.

앞서 말한 음식들을 이미 생일상에 올리고 있었다면, 마지막으로 그릇을 점검해 보기를 바란다. 그릇은 가능하면 큰 것이 좋으며, 사용하지 않았던 것이라면 더욱 좋다. 그리고 이왕이면 고급스러운 것이면 더더욱 좋겠다. 이것이 바로 존중하고 대우하는 법이며, 이러한 대접을 받는 당신의 가족은 분명 충만한 자존감과 자신감을 가지게 될 것이다.

의복

성공하는 사람은 아무 옷이나 걸치지 않는다

세탁소 옷걸이 쓰는
부자는 없다

동서양을 막론하고 옷은 운을 좋게 만든다고 말한다. 또한 반대로 운을 막고 불행해지게 만드는 옷차림도 있다고 말한다. 왠지 모르게 기억에 남고, 편안하게 느껴지고, 또 고급스럽게 느껴지는 사람을 만나본 적 있을 것이다. 이런 사람이 어떤 사람인지 한번 생각해 보라. 바로 옷을 잘 입는 사람이다. 그렇다면 옷을 잘 입는 사람과 옷을 함부로 입는 사람의 부의 차이는 과연 얼마나 날까? 워싱턴대학교 심리 연구팀의 논문에 따르면, 적게는 10배에서 많게는 100배 이상의 차이가 있다고 한다. 또한 현대 인상학자들의 견해에 의하면, 옷을 잘 입는 사람의 경우에는 누구에게나 쉽게 자신의 생각에 대한 동의

나 승낙을 얻어내게 되지만 그렇지 못한 사람들의 경우 아주 어렵다고 한다. 풍수학에서도 옷이나 기본적인 장신구는 당신의 능력을 더욱 강하게 만들어 준다고 말하고 있으니, 옷은 정말 운을 만드는 아주 기본 중의 기본인 것이다.

길을 걸어가던 도중 낯선 사람이 당신의 곁으로 다가오려고 할 때, 만약 그 사람이 아주 멋지게 차려입었다면 특별히 경계하지는 않을 것이다. 하지만 왠지 모르게 거부감이 느껴지는 옷차림을 하고 있다면, 틀림없이 도망을 가거나 피하거나 일정한 거리를 두려고 할 것이다. 만약 그 사람이 말을 걸어오려고 한다면, 그 말이 시작되기도 전에 피하고 싶을 게 분명하다. 그러니 앞으로 이야기할 다섯 가지 옷차림은 절대 하지 말아야 한다. 앞으로 이야기할 세 가지 옷차림은 당신의 운을 막아 불행해지도록 만들 것이다.

깔끔한 차림이 신사와 숙녀를 만든다

첫 번째, 늘어진 옷이나 색이 바랜 옷은 절대 입지 말아야 한다. 옷이 늘어났다는 것은 이미 옷의 수명이 다했다는 뜻이며, 색이 바랬다는 것 역시 마찬가지이다. 이는 버려야 할 옷을 입고 다닌다는 이야기이기도 하다. 풍수학에서는 생과 사의 개념을 중요시 여긴다. 나에게서 생기가 넘쳐나고 있느냐, 사기가 넘쳐나고 있느냐에 의해 내가 번영해 갈 사람이냐, 몰락해 갈 사람이냐를 암시하기 때문이다. 절대 몰락해 가는 사람이 되려고 하지 마라. 좋은 운은 맑고 깨끗하고 가벼우며 경쾌하고 생기가 살아나는 곳이 아니라면 절대 머물지 않으며 오려고도 하지 않는다. 그래서 옷을 걸어둘 때도 절대 세탁소에서 주는 철제 옷걸이를 사용하면 안 된다. 철제 옷걸이에 걸어둔 티셔츠나 얇은 옷은 잘 늘어나 버리니까 말이다. 늘어난 옷을 입고 다니는 사람들은 어디를 가서든 친절이나 호의를 받기가 어렵다. 늘 자신이 가진 능력에 비해 타인으로부터 과소평가를 받을 것이기 때문이다.

두 번째, 구겨진 정장이나 외투는 절대 입지 마라. 정장이나 외투가 구겨졌다는 것은 아주 게으른 사람이라는 것을 반증하기도 한다. 현대 인상학자들 역시 구겨진 정장이나 외투를 입는 사람들은 일정한 형식이나 절차 없이 편한 대로 살아가며, 타인에게 절대 호감을 얻을 수 없다고 말한다. 우리 조상님들께서도 의복 손질은 늘 정갈하게 하셨고, 옷차림 하나도 삐뚤어지지 않아야 한다고 말씀하셨다. 당신의 생각과 행동이 바르다는 것을 타인에게 보여주는 가장 첫 번째 모습이 바로 당신의 정장과 외투인 것이다.

세 번째, 낡은 운동화나 구두는 절대 신지 마라. 풍수학에서는 운을 막는 최고의 요소가 바로 낡고 지저분한 신발이라고 말하고 있다. 낡고 더러운 운동화나 구두를 신고 다니는 것은 행동과 생각에 조심성이 없다는 반증이기도 하다. 한마디로 말해, 편한 대로 하고 싶은 대로 하고 살아가는 사람이라는 이야기이다. 이러한 신발을 신은 사람은 한 걸음을 내디뎌도 디뎌야 할 곳과 디디지 말아야 할 곳을 구분하지 못할 것이고, 이는 자기도 모르게 자신의 무의식 속에 새겨지게 될 것이다. 그리고 이 무의식은 그 사람의 생각이나 행동, 말 역시 그렇게 하도록 만들 것이고, 나중에는 하고 싶은 말이면 다 뱉어버리는, 제멋대로 행동하는 사람이 될 것이다. 당연한 말이겠지만, 그런 사람과 가까이하고 싶어 하는 사람은 세상 어디에도 없을 것이다. 그렇기 때문에 이런 사람에게는 어떠한 기회가 오기 힘들 것이고, 이에 따라 인생의 번영이 만들어지는 일 역시 어려울 것이다.

스스로 산 반지는 재물운에 도움이 되지 않는다

허전한 손목이나 목은 당신을 불행하게 만들 것이다. 세상의 모든 것에는 포인트가 있어야 한다. 목걸이에도 펜던트라는 포인트가 있어야 하고, 반지에도 포인트가 있어야 하며, 옷에도 포인트가 있어야 한다. 이것뿐만 아니라 말이나 행동 등 인간이 살아가는 모든 부분에 포인트가 있어야 한다. 똑같은 넥타이를 하더라도 핀을 한 사람과 하지 않은 사람의 정갈함은 확연한 차이가 있다. 똑같은 옷을 입더라도 눈길을 끄는 포인트가 있느냐 없느냐가 완전히 다른 고급스러움을 느껴지도록 만드는 것이다.

그렇기에 남자이든 여자이든 가능하면 손에는 손목시계나 반지 중 하나는 하고 있어야 하며, 여성의 경우 가능하면 목걸이를 하고 있는 게 좋다. 하지만, 너무 욕심을 내어 목걸이나 반지를 과다하게 하면 오히려 운을 막아버릴 수도 있다. 과하지 않게 적당히, 최소한의 포인트를 항상 가지고 있으라는 말이다. 반지든, 목걸이든, 손목시계든, 브로치든, 넥타이핀이든, 최소한 한두 개 정도는 해보아라. 그래야 당신의 고급스러움이 타인에게 보일 수 있으며, 이로 인해 늘 타인의 동의를 얻을 수 있는 사람이 될 수 있다.

또한, 검은색 옷을 입을 때는 밝은색 옷을 함께 입어 색을 중화시켜 줘야 한다. 아마 편하고 부담이 없다는 이유로 검은색 옷을 입는 분들이 많을 것이다. 필자 역시 검은색 정장을 자주 입는 편이다. 하지만 검은색 옷을 입을 때는 반드시 그 안에 입은 옷의 색깔이 완전히 달라야 한다. 검은색은 오행학적으로 수오행을 의미하고, 휴식과 마침을 의미하며, 죽음과 멈춤을 의미하기 때문이다. 또한 과학적으로도 검은색 옷을 매일 입으면 기분이나 건강 상태에 큰 영향을 미치게 된다고 말한다. 이는 검은색이 주는 파장 때문이다. 색에는 심리를 좌우하는 색채적인 파장이 있다. 마치 흐린 날이나 비 오는 날에도 밝은색 옷을 입으면 기분이 좋아지는 것처럼, 검은색 옷을 입은 사람들은 우울해지고 상대적으로 소심해지기 때문에 타인에 비해 불행함을 느끼는 경우가 많다고 한다. 심리학에서도 단체로 검은 옷을 입고 있는 경우, 사람들의 기분이 가라앉고 무기력해지며 매사 의욕이 상실되고 속도 더부룩하고 머리도 아프고 배도 아프고 침체된 것 같은 수렁에 빠지는 느낌을 겪게 된다고 말한다. 따라서 검은색 옷을 입을 때는 반드시 밝은색 옷을 같이 입어서 색의 중화를 만들어 주어야 한다.

황금이 맞는 사람,
백금이 맞는 사람

    반지를 착용함으로써 사람의 운을 변화시키는 방법이 있을까? 이는 수상론에 분명히 나와있는 내용으로, 사람의 건강운과 재물운, 성취운, 자식운을 전부 말하고 있지만 주로 건강운과 재물운을 다루는 내용이 남아있어 이 부분에 대해 알려드리고자 한다. 우리 조상님들은 금은 자신의 기운을 보호하고 상승시키는 보석이라고 하여 늘 착용하셨으며, 반지를 물려주는 것을 집안의 가풍처럼 여기셨다. 또한, 금을 장신구로 사용한다면 왜소하신 분이나 상대적으로 기력이 약해지는 중년 이후의 분들에게는 최고의 보석이라고도 말씀하셨다. 만약 젊은 사람들이나 상대적으로 체격이 좋은 사람들이 금

장신구를 끼고 싶다면, 노란빛의 금보다는 백금이나 화이트 골드와 같은 계열의 목걸이, 반지, 팔찌를 착용하는 게 더 좋다. 이는 우리 몸에 맞는 보석을 착용해야 그 보석의 모든 기운이 다 발휘될 수 있기에 그런 것이다.

자, 그렇다면 번영운을 살리기 위해서는 어느 손가락에 반지를 착용하는 게 좋을까? 또 건강운을 살리기 위해서는 어느 손가락에 반지를 착용하는 게 좋을까? 그리고 자녀와의 융화와 안정을 얻으려면 어느 손가락에 반지를 착용하는 게 좋을까? 이는 사람에 따라 다르다. 수상론에서는 남녀를 분명히 구분하고 있으며, 젊은이와 노인 또한 구분하고 있다. 또한 왼손과 오른손을 구분해 금반지와 은반지를 착용해야 한다고 말하고 있다. 그리고 한 가지 더 알아야 할 것이 있다. 반지를 착용하는 손은 주로 자신이 사용하지 않는 손에 착용해야 한다. 오른손잡이의 경우 왼손에, 왼손잡이의 경우 오른손에 착용하는 것이 기본이다. 손에 장애가 있거나 손이 없는 경우가 아니라면 반드시 지키는 게 좋다. 자, 이제부터 반지를 올바르게 착용하는 방법에 대해 알려드리도록 하겠다.

건강운을 살리는 반지 착용법

먼저, 건강운을 살리는 반지 착용법이다. 우리 조상님들은 손은 인체의 축소판이라고 하여 손가락의 변형된 모습이나 혈액순환의 정도, 길이, 모양 등으로 해당 부위 장기의 이상 유무를 판단하셨다. 또한 이는 현대 한의학에서도 사용하고 있는 부분이다. 하지만 이상이 있을 때마다 침을 놓을 수는 없는 노릇이다. 수상론에서는 금반지를 착용하는 것만으로도 해당 부위의 기운을 보호하고 안정화할 수 있다고 말한다. 사람이라면 누구나 상대적으로 약한 부위가 있을 것이다. 간이 약하여 늘 피로를 달고 사는 사람도 있을 것이고, 심장이 약하여 자주 놀라거나 혈액순환에 문제가 있는 사람도 있을 것이며, 위장이 약하여 늘 소화가 안 되고 자주 체하거나 음식물을 많이 먹지 못하는 사람도 있을 것이고, 폐나 기관지가 유독 약하여 감기나 호흡기 질환을 달고 사는 사람도 있을 것이며, 신장이 약하여 손발이 자주 붓거나 화장실에 너무 자주 다니는 사람도 있을 것이다. 전문적으로는 이를 사상체질이라고 해서 논하기도 하지만, 어느 누구도 이를 명확히 구분해 그에 맞는 행동을 하고 있지는 못할 것이다. 그러니 자신의 평소 증상을 잘 생각해 보아야 한다.

만약 스스로 간에 문제가 있다고 생각한다면, 엄지손가락에 금반지를 착용하도록 하라. 엄지손가락은 다섯 손가락 중 가장 굵다. 그러니 아주 가느다란 실반지를 착용해 기운을 중화시켜 주는 게 좋다. 심장이 약하다고 생각하면 검지에 금반지를 착용하라. 이 금반지 역시 아주 가느다란 실반지를 착용하면 더더욱 좋다. 위장이 약하다고 생각하면 중지에 금반지를 착용하라. 이 역시 실반지를 착용하면 더욱 좋다. 폐나 기관지가 약하다고 생각하면 약지에 금반지를 착용하라. 약지는 다섯 손가락 중 가장 약하다. 자주 사용하는 손가락이 아니라서 근육이 거의 없으며, 모든 근육이 서로 연결되어 있는 곳이라 주먹을 쥐고 약지만 펼치려고 하면 다른 손가락만큼 많이 움직일 수 없다. 그렇기 때문에 약지에는 실반지가 아닌 조금 굵은 금반지를 착용하는 게 좋겠다. 마지막으로 신장이 약하다고 생각하면 새끼손가락에 조금 굵은 금반지를 착용하는 게 좋다. 이처럼 금반지를 착용하면 평소의 안 좋은 증상들을 완화시키는 데 큰 도움이 된다. 이것이 바로 건강을 위한 반지 착용법이다.

스스로 산 반지는 재물운에 도움이 되지 않는다

다음으로, 재물운의 상승을 위한 반지 착용법이다. 만약 재물운의 상승을 위하여 반지를 착용하려고 한다면, 가능한 한 배우자 또는 배우자가 될 사람이 반지를 선물해 주는 게 좋다. 스스로 산 반지는 재물운의 상승에 도움이 되지 않는다. 또한 재물운의 상승을 위해서 착용하는 반지는 굵기가 전혀 상관이 없으며, 보석의 유무도 전혀 중요하지 않다. 다만 반지 안쪽에는 두 사람의 이니셜이나 염원을 새기는 게 좋다. 그리고 화합과 단결을 의미하는 손가락인 약지에 이 반지를 끼우면 된다.

손가락은 부분마다 의미가 다르며, 현대 심리학에서는 검지와 약지의 길이를 비교해 어느 손가락이 더 긴지로 남성호르몬이 더 많이 분비되느냐, 여성호르몬이 더 많이 분비되느냐를 측정하기도 하고, 바람기가 있느냐 없느냐를 판단하기도 하고, 사업 성취운이 있느냐 없느냐를 판단하기도 한다. 이는 모든 심리학자가 공통적으로 하는 말이라 아마 대부분이 알고 있는 이야기일 것이다. 약지는 다른 모든 손가락의 근육과 연결되어 있으며, 이 손가락의 움직임으로 다른 손가락의 움직임도 좌우하는 화합과 단결을 의미하는 손가락이기 때문이다. 서양에서도 결혼식을 할 때 약지에 반지를 끼워줌으로써 이제 두 사람이 한 사람이 되었다는 징표로 사용하기도 한다. 또한 수상론에서는 약지가 당신의 재물운과 번영 운을 상징하는 것이라고 말하고 있다. 그러니 집안의 번영을 얻고 싶다면 그리고 재물이 넘치는 가정으로 만들고 싶다면, 약지에 금반지를 착용하라. 앞에서도 언급했지만 배우자가 선물해 준 반지여야만 하며, 이 반지에는 두 사람의 이니셜이나 염원이 새겨져 있어야 한다. 두 사람의 이니셜이나 염원은 목걸이로 치면 펜던트의 역할을 하는 것이며, 이를 통해 약지에 모인 기운들이 중화되도록 만들어서 당신의 재물운이 끝없이 상승하도록 도와줄 것이다.

유행 따라 했다가는
번영운 막는 목걸이

운은 자신의 기운이 강해야 잡을 수 있고 또 누릴 수 있다. 쉽게 말해, 기운이 약한 사람은 어떠한 운도 누릴 수 없다. 부자들과 빈자들을 비교해 보면 그들 사이의 분명한 차이를 느낄 수 있다. 이 차이를 강한 자아라고도 하고 카리스마라고도 하지만, 사실 이는 자신감이다. 자신감이 충만한 사람은 강렬하게 뿜어져 나오는 기운을 가지고 있고, 이 기운이 운을 살려 성취를 얻게 만든다. 이런 사람을 뭘 해도 잘 되는 사람이라고 표현하기도 한다. 그렇다면 자신감은 누구에게나 공평하게 있는 것일까? 상학에서는 이를 이렇게 표현하고 있다. 평범함이 성하면 강함이 되고, 강함이 성하면 부드러움이 된다고 말이다. 따라서 정말 강한 운을 가진 사람은 바로 부드러운 사람이며, 이런 사람이 진정 모든 운을 소유하는 사람인 것이다.

　자신의 운을 강하게 만들어 주기 위해 목걸이를 착용할 때는 일정한 원칙이 있다. 그러니 이를 잘 알고 목걸이를 착용해야 한다. 잘못된 목걸이 착용의 대표적인 부작용은 우리 주변에서 쉽게 볼 수 있다. 짧은 스포츠머리를 하고 옆구리에 가방 하나씩 낀 채 금 목걸이를 치렁치렁하게 장식한 사람들 말이다. 그런 식으로 하고 다니는 사람들을 보면 아마 근처에 오는 것을 피하게 될 것이다. 왜일까? 기운이 조절되지 않아 오히려 없느니만 못한 악한 기운으로 발산되기 때문이다. 동양학에서는 부위를 막론하고 금이 자신의 기운을 강하게 한다고 말하지만, 이것 또한 지나치면 안 된다.

　여성의 경우에도 목걸이 줄이 굵은 것을 하고 계신 분들을 간혹 볼 수 있는데, 이는 오히려 상대에게 거부감을 줄 수 있다. 이는 목걸이의 기운이 너무 강하게 드러나기 때문이다. 감당할 능력이 안 되는 사람이 너무 강한 기운을 발산하다 보니 오히려 보는 사람에게 불편함을 느끼도록 만든 것이며, 이로 인해 자신의 운이 죽어버리도록 만드는 것이다. 그렇기 때문에 목걸이는 원칙을 알고 착용해야 한다. 이것이 진정 목걸이의 운을 얻을 수 있는 길이며, 자신에게 찾아온 운의 기운이 살아나도록 만드는 방법인 것이다. 자, 이제부터 목걸이의 착용 원칙에 대해 알려드리도록 하겠다.

기운에 따라 착용해야 할 목걸이

첫 번째, 금 목걸이와 은 목걸이의 차이를 알아야 한다. 금은 자신의 기운을 강하게 하고, 은은 자신의 기운을 약하게 한다. 그래서 몸이 약하신 분들이나 나이가 어느 정도 있는 분들이라면 금을 착용하는 것이 좋으며, 몸이 건강하신 분들의 경우 은으로 된 목걸이를 착용하는 것도 괜찮다. 이를 자신의 체중으로 판단하는 것도 하나의 좋은 방법인데, 다른 사람에 비해 체중이 많이 나간다고 생각한다면 은 목걸이를 착용하는 게 좋으며 다른 사람에 비해 체중이 적게 나간다고 생각한다면 금 목걸이를 착용하는 게 좋다. 이는 기운의 균형을 맞추기 위함이다.

두 번째, 목걸이 줄에 신경을 써야 한다. 특별히 건강에 문제가 있는 게 아니라면 가능한 한 얇고 가느다란 줄로 된 목걸이를 착용하는 게 좋다. 또 부유할수록 얇고 가느다란 줄을 착용하는 게 좋다. 왜일까? 이는 기운을 중화하기 위함이다. 동양학에서는 중화를 이루고 균형이 잘 이루어지는 때가 가장 좋은 때이며, 이러한 균형이 깨진다면 불행이 다가온다고 말한다. 이는 상학이나 풍수학에서도 동일하게 말하고 있는 부분이다. 그러니 스스로 판단했을 때 재복이 충분하다면 이를 감춰야 하며, 재복이 부족하다면 이를 드러내야 한다. 또한 사주학에서는 부유하고 재복이 많다고 해서 이를 드러내려 한다면, 재복은 떠나가고 나쁜 운이 찾아온다고 말한다. 이는 건강에도 똑같이 적용되는 개념이다. 보통 이상의 보통 이상의 체력을 가졌다면 조금 얇은 목걸이를 하는 게 좋고, 보통 이하의 체력을 가졌다면 조금 굵은 목걸이를 착용하는 게 좋다. 반대로 은 목걸이를 착용하는 분이라면 줄이 얇은 목걸이를 착용하는 것이 좋다. 자신의 기운이 감해져서 좋을 게 없으니 말이다.

목걸이에도 기운의 중심점과 의미가 필요하다

세 번째, 반드시 펜던트가 달려있어야 한다. 사실 보석이 없는 형태의 반지는, 금반지든 은반지든 금과 은이 자신의 역할을 충분히 수행하지 못한다. 이는 기운의 중심점이 없기 때문이다. 무엇이든 그 기운이 모이고 흩어지는 중심점은 반드시 있어야 한다. 비단 이런 보석뿐 아니라 가정이나 회사 등 구성원들이 모이는 단체나 모임은 전부 다 그러하다. 중심점과 구심점은 반드시 있어야 하며, 중심점과 구심점이 자기 역할을 충분히 하고 있다면 어느 가정이든, 어느 단체이든, 어느 모임이든 성장하고 번영한다. 반대로 중심점과 구심점이 자기 역할을 충분히 하지 못한다면 어느 단체이든 몰락하고 사라지게 될 것이다. 이것이 바로 동양학의 이론이고 원리이다.

목걸이 역시 마찬가지이다. 그렇기에 목걸이를 통해 자신을 재운을 살리고 건강해지고 싶다면, 구심점이라고 할 수 있는 펜던트가 반드시 있어야 한다. 또한 펜던트는 운을 살려주는 동물이나 소중한 의미를 가진 것으로 만드는 게 좋다. 가령 부부의 사랑이 영원하기를 기원한다면, 펜던트에 부부의 이니셜이나 부부의 사랑이 담긴 단어를 새겨두면 된다. 또 사랑하는 자녀들의 축복을 기원한다면, 펜던트에 자녀의 목표를 새겨서 자녀에게 걸어주면 된다. 또한 펜던트 모양의 경우, 가정의 재물운이 상승하기를 원한다면 부엉이나 코끼리 모양으로 만들면 좋고, 지금 하고 있는 사업의 성취를 원한다면 호랑이나 용 모양으로 만들면 좋다. 한번 만들어서 착용해 보아라. 분명 원하는 모든 것이 이루어질 것이다.

네 번째, 절대 목에 의미 없는 줄을 걸고 다녀서는 안 된다. 강의를 하기 위해 학교를 돌아다니다 보면, 목에 의미 없는 줄을 하고 다니는 학생들을 종종 보게 된다. 검은색 줄로 된 목걸이 줄 같은 것 말이다. 또 간혹 예쁘다는 이유로 목에 가느다란 쇠로 된 줄을 걸고 다니는 사람들도 있다. 하지만 이는 자신의 번영 운을 막아버리는 최악의 행동이다. 젊은이들의 경우 기운이 원체 강하기에 크게 상관이 없겠지만, 어느 정도 나이가 있는 분들이라면 금 목걸이나 은 목걸이를 제외하고는 웬만하면 안 하는 게 좋다. 금이나 은은 자신의 기운을 조절하는 것이기에 상관이 없으나, 다른 물질의 경우 자신의 기운을 막아버리는 역할밖에 하지 않기 때문이다. 하여 우리 조상님들은 의복을 입을 때도 기의 흐름이 막히도록 되어있거나 어느 부분이 조이도록 만들어져 있는 것은 피하셨다. 이는 목이 바로 자신의 기운이 성하고 사하는 유일한 장소이며, 자신의 운이 변하고 교류하는 유일한 통로이기 때문이다. 그러니 절대 의미 없는 목걸이는 하지 말아야 한다. 당신의 기운을 막아버릴 것이다. 그러니 목걸이를 착용할 때는 앞에서 설명한 내용을 잘 살펴서 자신의 기운에 잘 부합하도록 착용하기를 바란다.

속옷은 꼭
가위로 잘라서 버려라

　살다 보면 옷을 버리기도 하고 사기도 한다. 하지만 옷을 버릴 때는 겉옷이든 속옷이든 신경 쓰지 않고 버리는 경우가 대부분이다. 하지만 옷에 자신의 체취가 가장 많이 담겨있다는 사실을 부인하지는 못할 것이다. 우리는 이것을 기운이라고 부른다. 아마 풍수적으로 자신의 기운이 가장 많이 담겨있는 것을 하나만 고르라고 한다면, 대부분의 풍수학자는 서슴지 않고 옷을 고를 것이다. 자, 옷이 이렇게나 중요한데 함부로 쉽게 버릴 것인가?

　당연히 삶이 어렵거나 힘들 때 입었던 옷도 있을 것이다. 그런 옷이라면 그냥 버려도 좋다. 그리고 어디에 버리든 상관없다. 하지만 만약 하는 일마다 잘 풀리는 행복한 시절에 입었던 옷이라면, 반드시 일정한 원칙을 가지고 버려야 한다. 사실 필자는 풍수학자로서 이렇게 말하곤 한다. 옷의 기운이 좋든 나쁘든, 자신의 기운이 묻어 있는 것은 함부로 남에게 주거나 버리면 안 된다고 말이다. 그 이유인즉, 남에게 주는 옷의 경우 못 입을 정도로 해어진 것을 주는 경우는 없으며, 새 옷처럼 깨끗하지만 작거나 크고 혹은 못 입을 상황이 되어 주는 경우가 대부분이기 때문이다. 또한 이 옷이 자신의 기운이 살아날 때 입었던 옷이라면 자신의 좋은 기운이 듬뿍 묻어있을 테니 조심해야 하고, 자신의 기운이 하락할 때 입었던 옷이라면 자신의 나쁜 기운이 듬뿍 묻어있을 테니 더더욱 조심해야 한다. 만약 당신의 소중한 분들에게 당신의 좋은 기운을 넘겨준다면 좋은 일일 수 있겠지만, 반대로 당신의 나쁜 기운은 아무도 원치 않을 것이다. 그렇기 때문에 남에게 옷을 얻어 올 때는 부유한 사람들의 옷을 얻어 오는 것이 좋으며, 운이 하락해 가는 사람, 삶이 힘든 사람들의 옷은 절대로 얻어 오면 안 된다. 옷을 버릴 때 역시 마찬가지이다. 자, 이제 옷을 버릴 때 어떻게 해야 하는지 알려드리도록 하겠다.

옷에도 기운이 묻는다

첫 번째는 겉옷이다. 여기서 말하는 겉옷이란 외투를 말하는 것이 아니라, 겉에 입는 모든 옷을 의미한다. 아마 대부분의 경우, 옷장 속에 오랫동안 보관되어 있던 낡은 옷을 버릴 것이다. 겉옷 역시 운이 살아날 때 입었던 옷이라면 잘 보관하는 게 좋으나, 문제는 자주 입는 티셔츠나 와이셔츠가 찢어지거나 이물질에 오염되어 버려야 할 경우이다. 이런 경우에는 한 일주일 정도 집에 두었다가 버려야 한다. 풍수적으로 말하자면, 자신의 기운을 다 빼고 버려야 한다는 의미이다. 우리 주변에는 각자 만의 기운이 항상 흐르고 있으며, 이 기운이 가장 많이 묻어있는 것이 바로 내가 평소에 입던 옷이다. 따라서 며칠 정도 집안에 두었다가 헌옷 수거함에 버리면 된다.

두 번째는 가장 중요한 속옷이다. 예전 우리 부모님들은 남자 옷은 여자가 입는 게 아니라고 말씀하셨으며, 사내아이를 낳지 못하는 여성에게 사내아이를 많이 낳은 여성의 속옷을 얻어 입히기도 하셨다. 이는 속옷에 개인의 기운이 가장 많이 묻어있다는 의미이기도 하다. 그렇기 때문에 속옷을 버릴 때는 반드시 반으로 잘라서 버려야 한다.

남성의 속옷 역시 마찬가지이다. 간혹 남편의 해어진 러닝셔츠를

걸레 대용으로 사용하고 있는 사람들이 있는데, 이는 풍수적으로 남편의 기운이 살아나지 못하도록 만들어 가난을 몰고 오는 최악의 행동이니 절대로 하지 않아야 한다. 또 속옷을 버리지 않고 태우는 사람들도 있으나, 이 역시 절대로 해서는 안 되는 행동이다. 사람의 옷을 태우는 행위는 돌아가신 분에 한해서 하는 행위이지, 절대 산 사람에게 해서는 안 되는 행위이다. 따라서 속옷을 버릴 때는 반으로 잘라서 검은 봉지에 넣은 후 이를 쓰레기봉투에 따로 넣어서 버리는 게 가장 좋다. 검은 봉지에 넣는 이유는 앞에서 언급했듯 검은색은 오행학적으로 수오행을 의미하고, 휴식과 마침을 의미하며, 죽음과 멈춤을 의미하기 때문이다. 이 수오행은 다시금 만들어지는 번영을 의미하는 것이기도 하기에 새로운 멋진 운이 들어오기를 염원하는 의미도 있다. 자, 이제 속옷을 버려야 할 때이다. 아끼고 싶은 마음에 낡아서 다 해어지고 떨어진 속옷을 입는 사람들이 있는데, 절대 그러면 안 된다. 낡고 해어진 속옷은 의학적으로도 호르몬 분비에 이상을 만들기도 하며, 풍수적으로도 가난과 몰락을 상징하는 대표적인 요인이니 절대 입으면 안 된다.

풍수학은 항상 새로운 기운이 생겨나기를 기원하며 만들어진 학문이다. 조금이라도 문제가 있다면 앞에서 말한 원칙대로 버리도록 하라. 이것이 당신의 몸에 흐르는 기운을 맑고 깨끗한 기운으로 바꾸는 데 큰 역할을 할 것이다. 새 옷을 입으면 상쾌한 기분이 드는데, 이게 바로 우리 몸에 흐르는 기운이 맑고 깨끗해지고 있다는 증거인 것이다. 그러니 좋은 운, 맑은 운을 얻기 위해서는 속옷만큼은 소중히 다루는 사람이 되어야 한다.

정갈함을 완성시키는 부수적 요소

세 번째는 장갑이나 양말, 넥타이, 스타킹 같은 부수적인 것들이다. 신발을 벗고 들어가야 하는 식당에 가게 되면, 밴드가 헐렁헐렁하게 늘어져 있거나 구멍이 난 양말을 신고 있는 사람들이 종종 보인다. 이는 스스로 어려움과 고난, 불행을 부르는 안타까운 행동이다. 낡고 해어진 것들은 무조건 버리고 새로 구입하라. 특히 사회생활을 하는 사람이라면 낡고 해어진 것은 빠르게 버려야 한다.

남성의 경우 넥타이에 실밥이 터져있거나, 여성의 경우 스타킹에 올이 나가있는 것을 자주 볼 수 있는데, 이는 이를 바라보는 상대의 눈에 아주 게으르고 감각 없는 사람이라는 느낌을 주기에 충분하다. 장갑 역시 마찬가지이다. 굳이 비쌀 필요는 없지만, 감각적이고 깨끗한 느낌을 줄 필요는 있다. 이것이 바로 풍수학적으로 운을 살리는 행위이기 때문이다. 의류에서 센스가 느껴지는 사람이 되어야 타인에게 존중을 받으며 존경을 얻고, 타인이 함부로 대하지 않으며 약간은 어려워하기 마련이다. 그렇기 때문에 양말이나 장갑, 넥타이, 스타킹 같은 것들이 낡고 해어졌을 경우에는 과감하게 버려야 한다.

우리가 매일 씻는 이유는 상쾌함과 깨끗함을 유지하기 위해서이다. 입는 옷 역시 마찬가지이다. 비싸지는 않더라도 항상 정갈함과 청결함이 느껴지는 사람이 되어야 타인에게 대우와 존중을 받을 수 있으며, 이로 인해 운을 얻어 번영과 행복도 이루어 낼 수가 있는 것이다.

부자의 가방에
꼭 들어 있는 물건

당신은 가방 속에 무엇을 넣어서 가지고 다니는가? 그중에 당신의 운을 상승시키기 위한 물건이 있는가? 아마 대부분이 자신의 가방 속에 들어있는 물건들이 자신의 운을 변화시킨다는 사실을 모르고 있을 것이다. 자, 오늘부터 가방 속에 반드시 이것을 넣어서 가지고 다니도록 하라. 이것은 분명 당신을 변하도록 만들 것이며, 어느 순간 타인들에게 대우받고 있는 자신을 발견하게 될 것이다.

가방을 여성들의 전유물이라고 생각할 수도 있겠지만, 요즘은 남성들 역시 가방을 가지고 다니는 경우가 참 많다. 필자도 강의나 강연을 위해 나갈 때는 반드시 가방을 들고 나간다. 이처럼 많은 분이 가방을 가지고 다니지만 그 내용물에 관해서는 별로 신경 쓰지 않으며, 가방 속 청결 상태에 관해서도 신경 쓰지 않는 경우가 대부분이다. 하지만 앞으로 이야기할 다섯 가지에 대해 신경 써보면, 습관이 바뀔 것이고, 이로 인해 삶의 변화가 생길 것이며, 삶의 번영이 찾아오게 되는 것을 느끼게 될 것이다.

돈이 돈을 부르고 운이 운을 부른다

첫 번째, 지갑과 약간의 현금이다. 요즘은 지갑 자체를 가지고 다니지 않는 사람이 많은데, 번영을 위해서는 지갑이 꼭 있어야 한다. 그것도 약간의 현금을 넣어서 말이다. 풍수학에서는 왜 집 안에 저금통이나 금고를 꼭 두라고 할까? 이는 바로 돈이 돈을 부르기 때문이다.

사실 요즘은 지갑에 카드만 몇 장 넣어서 다니는 분들이 많다. 또 스마트폰에 결제 서비스가 들어가 있어 지갑 없이 스마트폰만 들고 다니는 사람들도 심심치 않게 볼 수 있다. 시대가 바뀐 것은 부인할 수 없는 현실이지만 스스로의 번영을 만들기 위해서는 약간의 현금은 반드시 가지고 다녀야 한다. 현금을 들고 다니는 게 불편하다고 느낄 수도 있고, 카드로 결제하는 게 더욱 편리하다는 것도 인정한다. 하지만 당신의 무의식은 물건을 사면서 돈을 직접 주는 것과 그냥 카드로 결제를 하는 것을 완전히 다르게 판단한다. 예컨대, 카지노에서는 반드시 칩이라는 돈의 대용품을 사용한다. 왜 그들은 불편하게 환전이라는 과정을 거쳐서 칩을 사용하도록 하는 걸까? 이는 돈의 감각을 사람이 느끼지 못하도록 만들기 위해서이다. 돈을 직접 만지고 물건값을 돈으로 직접 지불해야 돈에 대한 감각이 생기며 돈의 소중함을 알게 되니, 이것을 없애기 위해 불편함을 감수하는 것이다. 그러니 현금을 사용하는 습관을 가져야 한다. 이를 위해서는 지갑을 가지고 다니는 게 좋다. 지갑 속에 약간의 현금을 가지고 다니는 것은 부자가 되는 첫 번째 원칙이다.

두 번째, 손수건이다. 많은 이가 휴대용 화장지를 쓰고 있고, 또 어딜 가든 일회용 물티슈가 있다는 것은 잘 알고 있다. 하지만 자신의 땀방울이 묻은 손수건을 보는 것과 땀을 닦고 버리는 물티슈나 화장지는 완전히 개념이 다르다. 이는 자신의 노력을 모은다는 의미와 버린다는 개념인 것이다. 하여 부자들은 반드시 손수건을 가지고 다닌다. 아마 손수건을 한 번이라도 가지고 다녀본 사람이라면, 이게 얼마나 번거로운 일인지 알 것이다. 하지만 그 번거로움과 불편함을 알기에 손수건을 사용하는 사람은 최선의 노력으로 보답하기 마련이다.

배우자를 위해 매일 아침 손수건을 잘 다려서 주머니에 넣어주도록 해보라. 또 이것을 자신도 가지고 다녀보라. 당신의 배우자는 당신의 노력과 정성에 보답할 것이다. 이로 인해 당신은 항상 조심스러운 사람이 될 것이며, 이 조심스러운 행동이 당신을 격식 있고 품위 있는 사람으로 만들 것이다. 이것이 바로 운을 얻어 부자가 되는 마음가짐인 것이다.

세 번째, 거울이다. 이 부분은 여성들을 위한 이야기이다. 거울을 가지고 다니라는 말은, 거울을 보면서 항상 자신을 돌아보고 허점이 없도록 만들어야 한다는 의미이다. 또한 거울은 풍수학적으로 재물과 아주 깊은 관계가 있는 풍수 도구이다. 그렇기 때문에 풍수 인테리어에서도 집안의 번영을 위해 가장 먼저 하는 이야기가 거울의 위치인 것이다. 항상 작은 거울을 가방 속에 넣어서 다녀라. 분명 작은 흐트러짐에도 스스로 신경 쓰게 될 것이며, 이러한 작은 것들이 모이고 모여 운이 좋은 사람, 특히 재물운이 좋은 사람이 되도록 만들어 줄 것이다.

부자와 빈자를 가르는 차이

네 번째, 메모 용품이다. 부자와 부자가 되지 못한 사람의 가장 결정적인 차이점은 바로 메모를 하느냐, 아니면 기억을 하려 하느냐이다. 부자가 된 사람들은 모두 메모를 위한 수첩을 가지고 다닌다. 이들은 순간적인 느낌이나 무엇인가 기록해야 할 것이 있다면 이 수첩에 적는다. 재미있는 이야기도 적을 것이고, 교훈이 될만한 내용도 적을 것이고, 떠오르는 영감이나 느낌도 수시로 적으면서 자신을 변화시키고 발전시키려고 노력한다. 하지만 부자가 되지 못한 사람들 또는 부자가 될 수 없는 사람들은 항상 이렇게 말한다. "어? 저거 예전에 내가 생각했던 건데"라고 말이다. 이렇게 이들은 항상 생각만 했고 또 이를 잊어버렸기에 발전도 없었고 변화도 없었던 것이다.

과거 '뽀빠이' 이상용 씨는 티브이에 나와서 메모 노트만 수백 권이 넘는다고 말씀하셨다. 그랬기에 그렇게나 능력 있는 사회자가 될 수 있었던 것이다. 삼성 이건희 회장 역시 수백 권 이상의 메모 노트를 가지고 있었다고 한다. 그래서 삼성이라는 그룹을 세계 최고의 기업 중 하나로 만들어 낼 수 있었던 것이다. 요즘은 스마트폰에 메모 기능이 있어 이를 이용하는 것도 하나의 좋은 방법이 될 수 있다. 메모 용품을 늘 가방에 넣어서 가지고 다녀라. 그리고 항상 메모하라. 이것이 분명 당신을 최고의 능력자로 만들어 줄 것이다.

다섯 번째, 가족사진과 자신의 목표이다. 가족의 소중함을 모르는 사람이 부자가 되는 경우는 없으며, 목표가 없는 사람이 성공을 하는 경우 또한 없다. 그렇기 때문에 가방 속에는 반드시 가족의 소중함을 느낄 수 있는 가족사진이 들어있어야 한다. 분명 가족사진을 보면서 가정의 행복을 지키고 자녀들의 미래를 아름답게 만들어 주기 위해 더욱 노력할 것이다.

자신의 목표 역시 마찬가지이다. 목표를 보고 달려가는 사람이어야 최소한 그 근방이라도 갈 수 있는 것이다. 1등을 보고 달려야지 최소한 2등, 3등이라도 될 수 있는 거지, 아무런 목표도 없이 달리다 보면 힘들면 쉬고 또 어려우면 포기하게 되니 그 어떠한 성취나 성공도 이루기 힘들다. 굳이 특별한 목표가 아니라도 괜찮다. 예컨대 '1,000만 원 모으기'라는 목표를 세운 후 글로 적어보고, 이를 매일 보면서 노력한다면 틀림없이 조만간 1,000만 원이 모이는 것을 경험하게 될 것이다. 당신의 무의식은 당신의 간절함을 반드시 성취하도록 만들어져 있기 때문이다.

워런 버핏은
신용카드를 사용하지 않는다

우리는 세상의 모든 일이 아주 큰 작용으로 인해 변한다고 생각하며, 의외로 정말 중요한 것들에 관해서는 놓치고 살아가는 경향이 많다. 하지만 아주 작고 사소한 변화에 의해 큰 사건이나 변화가 일어나듯, 인간의 삶 역시 아주 사소한 것이 자신을 바꾸고 변화시켜서 마침내는 큰 성공을 이루어 내기도 하며, 반대로 큰 어려움에 빠지기도 한다. 그렇기 때문에 삶의 변화를 만들어 내기 위해서는 반드시 자신에게 있는 그 무엇인가를 찾아내야 하는데, 이것을 풍수학에서는 구두와 옷차림, 지갑이라고 말하고 있다. 자, 한번 살펴보자.

사람이라면 누구나 잘될 때도 있고 잘 안될 때도 있는데, 만약 지금 삶이 어렵고 힘들다면 운이 살아나지 못하도록 잡고 있는 무언가가 있는 것이니 이것을 찾아야 한다. 사실 기회는 정말 우연히 찾아온다. 즉, 내가 아무리 준비하고 '기회를 만들어야지'라고 생각하고 노력한다고 해서 찾아오는 게 아니라는 말이다. 주변에 부자가 된 분이 있다면 한번 물어보아라. 그 대답은 틀림없이 같을 것이다. 전 세계의 수많은 자수성가형 부자 역시 아주 우연히, 전혀 생각지도 못한 곳에서 기회를 잡았다고 말한다. 페이스북을 만든 마크 저커버그Mark Zuckerberg는 친구들과 소통을 하기 위해 장난삼아 만들었던 페이스북이 폭발적으로 성장하며 세계 최고의 갑부 중 한 사람이 되었다. 그리고 현재 우리나라에서 가장 유명한 사업가인 더본코리아 백종원 대표 역시 우연한 기회가 실마리가 되어 지금의 자리까지 오게 되었다고 한다. 과거 돼지고깃집을 개업했을 당시 고기 써는 기계를 중고로 잘못 사 햄 써는 기계를 구입하게 되었고, 그렇게 만들어진 대패삼겹살이 대박이 나 지금의 자리까지 오게 된 것이다. 이게 바로 운이라는 것이다. 지금 너무 힘들어서 자신의 운을 바꾸어 보고 싶다면, 지금부터 이야기할 이 세 가지를 꼭 바꾸어 보라. 분명 어느 순간 알 수 없는 운에 의해서 당신의 삶은 완전히 달라질 것이다.

함부로 선물하면 안 되는 지갑과 가방

첫 번째, 현재 신고 다니는 신발이나 구두이다. 내가 변하지 않는다면 운은 절대 나에게 오지 않는다. 늘 똑같은 생활이 반복될 것이다. 그래서 풍수학뿐 아니라 사주학에서도 운을 변화시키는 방법으로 가장 먼저 제시하고 있는 것이 바로 '변화'인 것이다. 우선 스스로를 변화시켜야 한다. 그렇다면 어떻게 스스로를 변화시킬 수 있을까? 우선 지금 신고 있는 구두를 한번 바꾸어 보라. 풍수학에서는 신발은 내가 가야 할 방향을 만드는 것이라고 이야기한다. 만일 현재 자신의 삶이 어렵고 힘들다는 생각이 든다면 이는 지금껏 잘못된 방향으로 걸어왔기에 그러한 것이며, 현재 자신의 삶이 아주 행복하고 번영하고 있다는 생각이 든다면 이는 제대로 된 길을 잘 걸어왔기에 그러한 것이다. 그렇기에 신발은 운을 만드는 도구인 것이다. 그리고 만약 지금 잘살고 번영하고 있다면, 현재 신고 있는 구두는 절대 바꾸면 안 된다. 너무 오래되어 도저히 못 신겠다 싶다면 전시라도 해두어야 한다. 그 신발을 보면서 그동안 얼마나 열심히 달려왔는가를 알 수 있기 때문이다. 구두는 자신의 마음을 만드는 도구이자, 나태해진 마음을 다잡는 도구인 것이다.

두 번째, 현재 가지고 다니는 지갑이나 가방이다. 풍수학에서는 집 안에 있는 금고가 재물을 불러오는 풍수 도구라고 말한다. 그래서 부자가 되려면 꼭 집 안에 금고를 두라고 말하는 것이다. 비슷한 의미에서, 늘 가지고 다니는 지갑이나 가방이 바로 최고의 풍수 도구라고 할 수 있다. 그래서 지갑이나 가방은 절대 함부로 선물하는 게 아니라고 말하는 것이다. 지갑이나 가방을 선물하는 것은 재물운을 나눠주는 것이기 때문에 가족을 제외하고는 함부로 선물하면 안 된다. 물론 사랑하는 사람이나 축복을 나누어 주고 싶은 사람이라면 상관없겠지만, 그렇지 않다면 선물을 할 때 지갑이나 가방은 제외하는 게 좋겠다. 색깔이나 모양이 예쁘고 비싼 지갑이라고 해서 무조건 좋은 지갑은 아니다. 풍수학에서는 능력도 안 되면서 비싼 명품 가방이나 지갑을 들고 다니는 것을 가장 안 좋은 행동이라고 본다. 가방이나 지갑은 자신의 능력보다 한 단계 아래의 것을 구입하도록 하라. 그래야 스스로 모자람을 알고 돈을 채우게 된다.

빌 게이츠는 신용카드 사용법을 모른다

세 번째, 신용카드는 가능한 한 사용하지 말아야 한다. 혹시 세계 최고의 갑부 중 한 명이라고 하는 워런 버핏Warren Buffett에게 아직도 신용카드가 없다는 사실을 아는가? 그리고 마이크로소프트의 창업

자인 빌 게이츠Bill Gates 역시 신용카드 사용법을 모른다고 한다. 이들은 과거 부유하지 않던 시절부터 늘 체크카드만 사용해 왔고, 이것이 자신에게 돈에 대한 개념을 심어주었다고 말한다. 이쯤에서 많은 분이 의아해할지도 모르겠다. '텔레비전에 나오는 부자들을 보면 수백, 수천만 원짜리 가방도 들고 나오고 수억짜리 자동차도 타고 다니던데'라고 생각할지도 모른다. 하지만 곰곰이 한번 생각해 보자. 100억을 가진 사람에게 1,000만 원이란 돈은 1억을 가진 사람에게 10만 원의 가치인 것이다. 쉽게 예를 들어보겠다. 아마 여러분 중 몇억 정도의 재산을 가진 분은 많을 것이다. 이런 분들이 몇십만 원짜리 가방을 드는 것을 과소비라고 말하지는 않는다. 문제는 그보다 못한 재산을 가진 사람이 수백, 수천만 원짜리 가방을 들고 다닌다는 것이고, 이것이 바로 과소비인 것이다. 이것이 바로 신용카드의 힘이다.

그렇기 때문에 부자가 되려면 절대 신용카드를 만들지 말라고 말을 하는 것이다. 워런 버핏이 과연 신용카드를 사용할 줄 몰라서, 만들 줄 몰라서 안 만들겠는가? 이것은 바로 자신이 부를 쌓아오던 순간에 만들어진 습관인 것이다. 자기 능력 이상의 빚을 가진 사람들은 부자가 될 수 없으며, 돈을 우습게 아는 사람에게는 절대 돈이 들어오지 않는다. 그렇기 때문에 부자가 되기 위해서는 돈을 쓰는 법과 사랑하는 법을 알아야 한다. 아마 누구라도 현금을 들고 가서 물건을 사라고 한다면 많은 현금을 들고 가서 불필요한 물건을 구입하는 사람은 없을 것이다. 하지만 신용카드를 사용하는 사람 중 불필요한 물건 충동구매를 안 해본 사람은 한 사람도 없을 것이다. 외상이라면 소도 잡아먹는 게 인간이니까 말이다. 하여 사업을 하다가 실패를 한 사람은 분명히 다시 일어설 수 있지만, 과소비를 하다가 망한 사람은 절대 다시 일어설 수 없다고 사람들이 말하는 것이다. 물론 이는 과소비가 문제가 아니라 그 사람이 가진 마음가짐이 문제라고 볼 수 있다. 이러한 마음가짐은 절대 운을 얻을 수 없는 마음가짐이니 말이다. 그러니 신용카드를 가지고 다니면서 절대 자신의 능력 이상으로 사용하는 일은 없어야 한다. 이는 틀림없이 당신을 사치스러운 사람으로 만들 것이며, 당신을 절대 부자가 될 수 없도록 만들 것이다.

풍수

좋은 터에
좋은 기운이 깃든다

이런 아파트는
처다보지도 마라

요즘에는 정말 많은 사람들이 아파트에서 생활하고 있다. 과거에는 아파트가 없었기에 아파트에 관한 풍수적인 기록이 있을 리 만무하지만, 풍수학은 사람이 살기 가장 편한 곳이 명당이며 살기에 가장 편리하도록 만들어 가야 한다는 논리를 기본으로 하고 있는 학문이기에 아파트 역시 이를 기준으로 좋은 아파트와 나쁜 아파트가 명확하게 나눠질 수 있다. 또한 과거에 번영이 이루어진다고 말했던 주택지와 비교해 본다면, 아파트 역시 흉당과 명당을 명확하게 구분할 수 있다. 만약 흉당인 아파트를 구입한다면, 얼마 안 가 스스로 불편함을 느낄 것이다. 그리고 이러한 불편함은 가족들의 삶의 리듬을 흔들어 놓아 가정의 재물운과 번영운을 막는다. 가령 다음과 같은 아파트는 절대 구입하지 말아야 한다.

아파트를 구입하기 전에 창문을 열어봐라

첫 번째, 환기가 어려운 아파트이다. 바람이 잘 통하고 바라보는 시선에 불편함이 없는 것이 풍수학의 기본이다. 자, 이것을 한번 생각해 보자. 실내가 더운 아파트가 좋다고 생각하는가, 아니면 실내가 추운 아파트가 좋다고 생각하는가? 정답은 없다. 둘 다 나쁜 아파트이다. 실내가 춥다는 것은 아파트를 지을 때 자제를 충분히 쓰지 않아 잘못 지어진 아파트라는 의미이며, 실내가 덥다는 것은 바람이 잘 통하지 않는다는 말이니 풍수학적인 요건이 아주 나쁘다는 의미이다. 그렇다면 둘 중 무엇이 더 나쁘다고 할 수 있을까? 바로 실내가 더운 아파트이다. 실내가 추운 아파트도 나쁜 아파트이긴 하지만, 이런 아파트는 실내 공사를 통해 얼마든지 보완할 수 있다. 하지만 바깥에는 시원한 바람이 부는데 바깥의 바람이 잘 들어오지 않아 실내가 뜨거운 아파트들은 5~6월만 되면 에어컨을 틀기 시작해야 하며, 무더위가 기승을 부리는 7~8월이 되면 실내 모든 곳에 온종일 에어컨을 틀어두어야 한다. 비용적인 측면도 물론 문제이지만, 무엇보다 사람의 건강을 해친다는 게 가장 큰 문제이다. 따라서 아파트를 구입할 때는 창문을 모두 열어보고 시원한 바람이 잘 들어오는 아파트인지를 꼭 살펴보아야 한다.

두 번째, 길가 도로에 인접한 아파트이다. 만약 고층이라 창을 열어도 길가의 소음이 들리지 않는다면 상관없겠지만, 이 소음으로 인해 고통받을 만한 정도의 층수라면 절대로 창을 열어두고 살 수가 없을 것이다. 거실 창은 물론이고 조그마한 창이라도 열고 있기 불편하다. 지나다니는 차 소리, 오토바이 소리가 온종일, 밤새도록 시끄러울 것이니까 말이다. 거실 창이 도로 쪽으로 나있는 아파트라면 두말할 필요도 없다. 따라서 이런 집에 살면 실내 창을 전부 닫고 생활해야 하는데, 이 경우 실내 냄새를 밖으로 배출하는 데 오랜 시간이 걸릴 수밖에 없으며, 그렇게 되면 실내의 냄새가 당신의 옷과 몸에 배어들 수밖에 없다. 아무리 고급스럽고 좋은 옷을 입더라도 그 옷에 특유의 냄새가 배어들 수밖에 없다는 말이다. 또한 차로 인한 먼지와 도로의 먼지가 늘 당신을 괴롭힐 것이다. 도저히 창문을 열수가 없도록 말이다. 과거 고택들을 잘 살펴보면, 바람이 잘 통하도록 만들어져 있고 큰길가에서 조금 떨어진 곳에 지어져 있으며 침실이나 주거하는 장소는 반드시 안쪽에 있다는 걸 알 수 있다. 아파트 역시 길가에 세워진 동보다는 단지 안쪽이나 가운데 세워진 동이 훨씬 편하고 안락하다. 아파트를 구입할 때는 이러한 점을 반드시 고려해야 한다.

최대한 저층은 피해라

세 번째, 아파트 저층이다. 과거 주택 문화에서는 지금처럼 수많은 세대가 한곳에 밀집된 경우가 없었다. 그러니 당연히 사생활 보호라는 부분 또한 크게 신경 쓸 필요가 없었다. 하지만 요즘의 경우, 수백 아니 수천의 가구가 한곳에 모여서 살고 그렇기 때문에 요즘에는 어느 곳에서나 사생활 보호에 신경 써야 한다. 아파트 저층에 살면, 낮에는 조금 덜할지 모르지만 여름날 저녁에는 편한 복장으로 거실에 앉아있기도 힘들다. 당신의 모습이 길가를 지나다니는 사람들에게 보일 수도 있기 때문이다. 그러니 저층에 거주하는 분들이라면 사생활 보호 필름을 거실 창에 붙이면 좋겠지만, 만약 월세나 전세로 들어와 살고 있는 사람이라면 비싼 비용을 들여서까지 하기는 쉽지 않다. 그래서 늘 커튼을 쳐두지만, 무더운 여름날에는 이마저도 쉽지 않다.

풍수학에서도 밖에서 집 안 내부가 보이는 것을 가장 나쁜 요인 중 하나라고 하여, 우리 조상님들은 주 거주지의 경우 처마를 내려

위에서 보이는 것을 막았다. 또 담을 쌓고 담 주변에 작은 나무를 심어 밖에서 보이는 것을 막았으며, 내당 앞에는 몇 개의 건물을 두어 철저하게 보호했다. 이는 가정의 행복운과 화목운을 지키기 위함이기도 하다. 부자들은 행복운과 화목운을 지키기 위해 고층에 살기도 하며, 비싼 돈을 들여 자연 실내 환기가 되도록 설치를 하기도 하지만, 보통의 가정들은 그렇지 못한 경우가 대부분일 것이다.

윗집은 명당인데
아랫집은 흉한 터가 되는 까닭

    얼마 전, 티브이를 보는데 한 프로그램에서 전 농구선수이자 현재는 방송인으로 활동하고 있는 서장훈 씨가 나왔다. 그는 자신은 이제 어느 식당이든 외관만 보면 맛집인지 아닌지, 장사가 잘되는 집인지 아닌지를 구분할 수 있다고 말했다. 내 전문 분야라 귀를 쫑긋하고 들어보았는데, 실제로 그는 서울에 건물이 몇 채나 있는 부자이기에 그 명답을 들고는 '아, 이래서 서장훈 씨가 큰 부자가 될 수 있었던 거구나' 하는 생각이 들었다. 서장훈 씨는 식당 건물의 외형을 변화시킨 곳은 무조건 맛집이며, 그 건물 그대로 사용하는 곳은 그리 맛집은 아니라고 이야기했다. 자, 이 말이 무슨 말인지 이해가

가는가? 이 말인즉, 식당이 맛집이라면 아무리 낡은 건물에 있더라도 손님들이 많이 찾을 것이고, 식당 주인은 돈을 많이 벌었을 테니 자기 식당만이라도 반드시 깨끗하게 바꾼다는 이야기이다. 이것이 바로 풍수 인테리어의 가장 기본적이고도 원칙적인 이야기이다. 그는 이 원리를 본능적으로 알고 있었던 것이다. 이 말을 쉽게 풀자면, 부자가 될 집과 가난해질 집이 따로 정해져 있는 것은 아니라 그 집에 사는 사람이 변화시킨다는 것이다.

간혹가다 풍수를 안다고 말하는 사람들이 "저 집은 명당이다", "집의 구조가 어떠하면 부자가 되고 또 어떠하면 가난해진다" 따위의 이야기를 하는 걸 들을 수 있다. 이는 사주학에 빗대어 이야기하면 사주 때문에 못 살 수밖에 없다고 이야기하는 것과 같으며, 더 크게 비약하면 A형이라 소심하고 AB형이라 천재 아니면 바보라고 이야기하는 것과 같다. 현대식 아파트 구조라면 더욱 그러하다. 아파트 한 동은 구조가 거의 비슷하거나 아예 똑같을 것이다. 그 사람들의 말이 사실이라면, 한 동의 사람들은 전부 똑같이 부자이거나 가난해야 하는 것 아닌가? 만일 집의 구조가 나쁘다면, 한 동 전체를 고쳐야 하는 것 아닌가? 자, 여러분의 집이 재물이 모이지 않는 가난한 집이 될 수밖에 없는 이유를 이제부터 설명해 드리도록 하겠다.

가난의 이유

　첫 번째, 들어가기 싫은 집이다. 풍수학은 자신도 모르는 자신의 무의식을 다루는 학문이다. 어느 공간에서 자신도 모르게 편안함을 느낀다면 자연스레 그곳을 찾게 된다. 그리고 만약 그곳이 여러분의 집이라면 당신은 지금 부자가 될 집에 살고 있는 것이다. 하지만 왠지 모르게 식구들이 집에 들어오는 것을 싫어하고 밖으로 배회한다면, 분명 무엇인가가 식구들에게 불편함을 주기 때문이다. 이는 거실에서 그 이유를 찾아야 한다. 먼저 거실의 벽면을 한번 살펴보라. 가족사진은 제대로 걸려있는지, 벽에 걸려있는 그림들의 기운이 너무 강한 것은 아닌지, 거실에 있는 화초나 꽃의 크기가 너무 크거나 죽거나 시들어 가고 있지는 않은지, 소파가 낡거나 고장이 나서 한쪽으로 기울어져 있지는 않은지 꼭 살펴보라. 거실은 누구나 편안하게 머물 수 있어야 하고, 항상 안락한 쉼이 보장되어야 한다. 아주 작고 사소한 불편함이 나의 안락함을 해치고 가족들의 불편함을 만들어 밖이 더 편하도록 만들고, 이로 인해 가족 간의 대화가 없어지도록 만들 것이며, 가족 간의 화합을 해치게 될 것이니 당연히 이 집은 가난해질 수밖에 없다.

　두 번째, 잠을 자도 피로가 풀리지 않는 집이다. 이는 침실에서 그 이유를 찾아야 한다. 만약 자녀들이 잠을 자도 피곤해한다면 그들의 방에서 그 이유를 찾아봐야 하겠다. 분명 불편함이 느껴지는 무언가를 찾을 수 있을 것이다. 하지만 이는 침대의 머리 방향이라든가, 침실의 구조와는 전혀 상관이 없다. 먼저 침대의 상태를 한번 살펴보라. 침대와 매트리스의 상태는 온전한지, 베개에는 불편함이 없는지 확인하라. 다음으로 침실의 청소 상태와 조명 상태를 살펴보라. 그리고 침대 머리맡에 무엇을 두었는지, 벽면에 무엇이 걸려있는지를 확인해 보라. 침실은 수면만을 위한 공간이어야 한다. 수면에 방해가 되는 것은 그 무엇도 있어서는 안 된다. 화장대 거울이 정면으로 보인다면 꼭 틀어두고, 부부의 사랑이 담긴 사진을 제외하고는 그어떤 사진도 걸어두지 말아야 하며, 침실에 화초가 있다면 작은 것 몇 개를 제외하고는 베란다로 옮겨야 하고, 두려움을 야기하는 그어떠한 물건도 침실에 두면 안 된다. 침실은 완벽한 수면이 보장되어야 하는 곳이다. 완벽한 수면, 즉 음의 균형이 틀어져 버리면 양의 균형 역시 살아나지 못해 하는 일에도 어려움이 생길 것이고, 나아가 당신을 가난하게 만들 것이다. 그러니 만약 지금 하는 일에서 어려움을 겪고 있다면, 반드시 침실부터 살펴보길 바란다.

　세 번째, 식구들이 자주 아프거나 흉사가 자꾸 생기는 집이다. 이는 분명 주방이나 화장실에 있어서는 안 되는 물건이나 균형을 깨는 물건이 있기 때문이니 주방이나 화장실에서 그 이유를 찾아야 한다. 먼저 칼을 한번 살펴보라. 눈에 잘 띄는 곳에 있지는 않은지, 날카로운 부분이 거실이나 위쪽을 향하고 있지는 않은지 확인해 보라. 또한 화장실에서 냄새가 나고 있지는 않은지, 환풍은 잘되고 있는지, 타일이나 변기, 세면대 등이 깨지거나 고장 나있지는 않은지 살펴보라. 이것이 당신의 건강운을 해치고 집안의 흉사를 만들어 내고 있다.

사람 또한 집의 문제가 될 수 있다

네 번째, 식구들의 다툼이 많은 집이다. 이는 무조건 현관부터 거실까지의 부분에 문제가 있기 때문이니 그곳에서 원인을 찾아야 한다. 현관이 너무 길고 좁지는 않은지, 현관에 절대 두어서는 안 되는 물건이 있지는 않은지, 현관 거울이 깨지거나 더럽거나 녹이 슬어있지는 않은지 살펴보라. 그리고 거실의 소파 상태를 확인해 보라. 아마 소파가 부서져 있거나 고장났을 가능성이 높다. 가족 간 다툼이 많다면 이 가정에는 화목이라는 것이 있을 수 없다. 좋은 운은 반드시 화목한 가정에 들어온다. 하여 사주학에서는 친지들 중에 화목을 깨는 사람이 있다면, 직계 가족을 제외하고는 아예 인연을 끊어버리는 게 낫다고 말하기도 한다. 그만큼 가정의 화목은 중요하다. 세상의 모든 번영이나 행복은 전부 가족의 화목으로부터 나오니까 말이다.

다섯 번째, 앞사람이 망해서 나간 집이다. 이는 특히 신경 써야 하는 부분이다. 이러한 집에 들어갈 때는 리모델링을 해서 모든 기본 골격을 바꾸어야 하고 청소 업체를 불러서 완벽하게 청소해서 들어가야 한다. 만약 전부 고치기 힘들다면 하다못해 변기나 싱크대라도 교체해야 한다. 또한 망해서 나간 앞사람이 쓰던 물건은 그 어떠한 것도 남아있어서는 안 된다. 풍수학에서는 흥하는 기운은 따라가지만 망하는 기운은 남는다고 했다. 흥하는 기운은 가볍고 산뜻하기에 그 운의 주인에게 달라붙어 주인이 이사를 가도 따라 가게 되지만, 망하는 기운은 무겁고 칙칙하기에 주인을 따라가지 못하고 남아있다는 것이다. 하여 우리 조상님들은 나가는 집에는 들어가는 게 아니라고 말씀하셨던 것이다. 하지만 요즘에는 앞에 살던 사람이 어떤 사람인지 알지 못하는 경우가 대부분일 것이다. 집을 사서 들어가는 경우라면 모두 교체하거나 새것으로 바꾸면 되겠지만, 만약 전세나 월세라면 변기에 새로운 커버를 씌운다거나 교체가 어려운 부분은 청소 업체를 불러서 최대한 완벽하게 청소라도 하고 사용해야 한다.

예전에는 흥하는 집이 따로 있듯이 망하는 집도 따로 있다고 했다. 이렇듯 부와 행복이라는 것은 절대 어느 한 사람의 힘만으로 만들어질 수 있는 것이 아니다. 부와 행복은 가족 구성원들의 웃음과 화합을 통해 만들어진다.

함부로 못질하면
가세가 기운다

집 안에 박혀있는 못에 관한 필자의 유튜브 영상을 보고 실제로 따라 해본 후, 그동안 알 수 없는 병으로 고통받거나 자녀들의 속 썩임으로 고통받았던 분들의 감사 전화가 정말 수도 없이 많이 왔다. 못은 그동안 당신의 가정에 이유 없는 고통을 주었던 원흉이다. 우리 조상님들은 집을 지을 때도 가능하면 쇠못은 쓰지 않으려고 하셨다. 실제로도 수많은 고택을 방문해 보면 대부분의 이음새가 대못이 아닌 나무를 깎아서 만든 이음새라는 것을 알 수 있다. 또 일제강점기 시절, 일제가 우리 민족의 기혈을 막기 위해 나라 곳곳에 중요한 혈자리마다 쇠로 된 큰 못을 박아두었다는 이야기를 들어본 적 있을 것이다. 이들은 왜 쇠로 된 못을 사용한 걸까? 이는 한의원에 가서 침을 맞는 것과 같은 원리로 생각하면 될 것이다. 물론 침은 쇠로 된 것도 있고 금으로 된 것도 있으며 심지어 요즘에는 더 좋은 제품을 쓰고 있지만 그 원리는 같다. 침은 인체의 기혈을 막기도 하고 막혔던 기혈이 돌아가게도 한다. 심지어 최근에는 침으로 부분 마취를 하는 것도 성공했다고 한다. 이와 같은 원리로, 녹이 슨 못을 집에 박아두는 것은 해당 부위에 기운이 영영 살아나지 못하도록 만드는 것이다.

해는 동쪽에서 떠서 서쪽으로 지고, 계절은 봄에서 시작하여 여름, 가을, 겨울이 되듯, 사람 역시 태어나서 청년이 되고 중년이 되고 노년이 된다. 이는 세상의 모든 것이 다 그러하다. 이를 오행의 순환으로 목화금수木火金水라고 한다. 비단 자연이나 인간뿐만이 아니다. 우리가 세상에서 생활하고 있는 모든 것은 전부 이런 식으로 태어나고, 순환하고, 또다시 태어나고, 또다시 순환한다. 집 역시 마찬가지이다. 생기가 들어오는 방향이 있고, 들어온 생기가 머물면서 크게 성장하는 곳이 있으며, 성장한 생기가 서서히 작아져서 소멸하는 곳이 있으며, 소멸되는 생기가 없어지는 곳 또한 있다. 그렇기 때문에 이러한 순환이 잘 이루어지는 집이 뭘 해도 잘 되는 집이 되는 것이며, 이러한 순환이 이루어지지 않는 집이 뭘 해도 잘 안되는 집이 될 수밖에 없다. 그러니 이제부터 알려드리는 곳에는 절대 못이 박혀있어서는 안 된다.

못은 기의 흐름을 끊는다

첫 번째, 생기가 살아나는 곳에는 못을 박으면 안 된다. 봄에는 씨를 뿌리고, 여름에 이 씨가 성장을 하며, 가을에는 수확을 한다. 그리고 겨울에는 다가올 봄을 위해 휴식을 취한다. 자, 이쯤에서 질문을 하나 하겠다. 사계절 중 가장 중요한 계절은 무엇일까? 물론 전부 중요하겠지만, 그중에서도 봄이 가장 중요하다. 이유인즉, 여름이 좋지 못해 성장을 하지 못하였더라도 봄에 씨를 뿌려두었다면 약간의 수확은 있을 것이고, 가을에 비바람이나 태풍이 오더라도 봄에 씨앗을 뿌려두었다면 조금의 수확은 있을 것이다. 하지만 봄에 씨를 뿌려두지 못했다면 어떻게 될까? 여름이 아무리 좋고 가을이 아무리 청명해도 소용없다. 아무것도 수확할 수 없다. 그래서 무엇이든 시작이 중요하다고 말하는 것이다. 그렇기 때문에 시작하는 자리에는 문제가 생기면 안 된다. 그렇기 때문에 집 안으로 들어오는 입구 동쪽에는 못을 박거나 쓰레기를 두거나 죽음을 상징하는 어떠한 것도 두어서는 안 된다. 이곳에는 항상 역동적으로 살아 움직이는 듯

한 생기 있는 것을 두어야 한다. 그래야 가정에 번영의 씨가 뿌려지고 발전의 기초가 만들어진다.

　두 번째, 생기가 성장하는 곳에는 균열을 만들면 안 된다. 남쪽은 가정의 재물운, 번영운, 성취운, 건강운 등 모든 운이 살아나서 성장하는 곳이다. 그렇기에 남쪽에 못을 박으면 그 모든 기운이 성장하는 것을 멈추게 된다. 마치 마취를 당하듯이 말이다. 더군다나 못이 녹슬거나 오래되었다면 집안을 성장하지 못하게 해 결국 몰락하게 된다. 서양에서도 남쪽은 재물운이 번성하는 곳이라고 하여 보라색으로 장식을 하면 좋다고 했고, 이쪽 방향의 청소 상태와 청결 상태로 이 집의 번영운을 알 수 있다고도 하였다. 이를 입지론立地論이라고 한다. 실제로 서양에서는 이러한 이론을 차용하여 유명한 종교시설뿐만 아니라 현재 남아있는 대부분의 유적도 만들었다는 연구 결과도 있다. 이렇듯 풍수학은 동서양을 넘나드는 놀라운 학문이다. 하여 집 안에서 남쪽이 어느 방향인지 잘 살펴보고, 이곳에 못을 박아서 균열시키는 일은 없도록 해야 한다. 물론 살다 보면 피치 못할 사정으로 한두 개 정도는 어쩔 수 없이 박아야 할 수도 있겠지만, 만약 못을 박더라도 오래되고 녹이 슨 못을 박는 일은 절대로 없어야 한다. 정 이곳에 무엇인가를 걸어야 한다면, 벽을 뚫지 않고 고정할 수 있는 것을 사용하는 게 좋겠다.

못을 박아도 상관없는 자리는?

　세 번째, 서쪽과 북쪽에는 못을 박아도 상관없다. 서쪽과 북쪽은 모든 기운이 소멸하는 방향이다. 서쪽은 서서히 소멸하는 방향이고, 북쪽은 아무것도 없는 무의 방향이다. 하여 제사를 지낼 때 북쪽을 보고 지내는 것이다. 그렇기 때문에 혼란스럽고 번잡한 일은 북쪽을 보고 행하는 것이 좋다. 북쪽은 무의 방향이라서 어떠한 생기도 머물지 않으며, 이로 인해 집안에 어떠한 해로움도 생겨나지 않기 때문이다. 따라서 만약 못을 박아야 한다면 북쪽으로 박는 게 좋겠다. 또한 과거에는 북쪽에서 부는 차가운 바람이 머리에 영향을 주면 건강에 좋지 않다고 생각했다. 또한 앞서 말했듯 북쪽은 무의 방향이기에 침대의 머리 방향이 북쪽을 향하면 좋지 않다. 그래서 머리 방향은 가능하면 동쪽으로 하라고 말하는 것이다. 동쪽은 목오행의 방향으로 집 안의 모든 기운이 싹트는 곳이라 절대 못을 박으면 안 된다. 맑고 정갈하게 해두어야 한다. 남쪽 역시 모든 기운이 성장하는 방향이기에 못을 박아서는 안 된다. 하지만 서쪽은 모든 기운이 소멸하는 곳이라 어떠한 생혈점도 없는 곳이기에 못을 박아도 상관없다. 이러한 원리로 가정을 만들어 나간다면 가정에는 늘 번영과 행복만 가득 넘쳐날 것이다.

잘 사는 집 현관에서
눈여겨봐야 할 포인트 3

부잣집 현관과 가난한 집 현관의 가장 큰 차이점은 무엇일까? 풍수학에서는 이 둘의 차이를 집 안으로 들어오는 기운을 좋게 하고 있느냐, 나가는 기운 중 좋은 것은 잡고 나쁜 것은 흘러보내도록 잘 되어있느냐로 구분하고 있다. 현관은 그 집의 얼굴이라는 점을 항상 명심해야 한다. 현관이 밝고 정갈하면 집에 들어왔을 때 왠지 기분이 좋고 상쾌할 것이다. 그래서 우리 조상님들은 아침에 일어나면 가장 먼저 대문 앞 청소부터 하셨던 것이다. 이렇듯 깨끗함과 청결함은 풍수의 가장 기본이라고 할 수 있다. 물론 과거의 주택 구조와 현대의 주택 구조가 너무나 다른 것도 사실이고, 이에 따라 과거의 풍수법을 많은 부분 수정해야 한다.

　자, 한 가지 예를 들어보자. 과거에는 대문으로 들어와서 화장실이 정면에 보이면 좋지 않다고 이야기했다. 하지만 현대의 주택이나 아파트의 경우, 현관 옆에 화장실을 두도록 설계된 곳이 많지만 이것으로 풍수적인 그 어떠한 이야기도 하지 않는다. 왜일까? 과거에는 집 안이 아주 넓었기 때문에 얼마든지 화장실을 구석진 곳에 둘 수 있었다. 또한 행여 대문 앞에 화장실을 두었을 때 들어오는 사람과 마주쳐서 난감한 일을 겪게 되는 것을 막고자 했던 편리성에 의해 그러했던 것이나, 현대의 경우 대체로 집 안이 좁고 화장실이 두 개씩 있는 경우가 많다. 그래서 오히려 편리함에 저해되기 때문에 큰 의미를 둘 필요가 없게 된 것이다. 하지만 기본적인 현관의 형태와 형식은 반드시 원칙대로 꾸며두어야 한다. 따라서 현관에 있어야 할 것은 반드시 두어야 하고, 있으면 안 되는 것은 반드시 치워야 한다. 자, 이제부터 현관에 있어야 할 것과 있으면 안 되는 것에 대해 알려드리도록 하겠다.

현관은 집의 첫인상

　첫 번째, 현관은 밝고 트여있어야 한다. 만약 현관이 좁고 답답하다면 이 집에 처음 오는 사람은 어떤 느낌을 받을까? 계속해서 말하지만, 풍수학은 사람의 무의식을 자극해서 자신도 모르게 선한 행동을 하도록 만드는 학문이다. 다시 말해, 편리함과 느낌이 가장 중요하다는 것이다. 현관은 탁 트인 느낌, 시원한 느낌이 나는 것이 가장 좋다. 어떤 분은 현관에 거울이 있으면 안 된다고 말하는데, 이는 일본의 무속이 약간 가미된 것이며 풍수학 어디에도 나와있지 않는 내용이다. 그렇기 때문에 정면만 아니라면 어디든 상관없으며, 거울이 현관 양쪽에 설치되어 있다면 넓은 느낌을 주기 때문에 오히려 풍수적으로는 좋다고 한다. 물론 그렇다고 굳이 새로 설치할 필요는 없지만, 기존에 있는 것이라면 없앨 필요는 없다는 말이다. 대신 거울 앞에 작은 꽃이나 화분을 두거나 거울 주변이 목재 느낌이 나도록 만들어 두면 된다.

그리고 조명을 아주 밝은 것으로 교체하라. 틀림없이 느낌이 달라질 것이다. 그리고 현관 입구에 불필요한 것은 전부 정리하라. 상대적으로 많이 넓어 보일 것이다. 가능하면 신발은 꼭 신는 것을 제외하고는 신발장에 넣어두고, 현관에 쓰레기봉투나 우산꽂이가 있는 건 좋지 않으니 치워라. 이렇게만 해도 탁 트인 느낌, 환한 느낌이 날 것이다.

두 번째, 현관은 항상 청결하게 유지해야 한다. 얼마 전 티브이에서 국내에 오래된 노포에 관한 이야기를 방영하며, 50~80년 이상 된 정말 장사가 잘되는 집들을 소개하는 프로그램이 있었다. 그 프로그램에서 소개하는 대박집들에는 한 가지 공통점이 있었는데, 전부 아침 일찍 가게 앞 청소부터 시작한다는 것이었다. 우리 조상님들 또한 아침 일찍 대문 앞 청소를 하며 하루를 여셨다. 이는 좋은 기운은 밝고 깨끗한 곳으로 흐르고 나쁜 기운은 어둡고 칙칙한 곳으로 몰려가기 때문에 온종일 집안에 좋은 기운만 들어오게 하기 위함이었던 것이다.

우리의 가정 역시 마찬가지이다. 아침에 일찍 일어나면 현관을 가장 먼저 정리하라. 틀림없이 오늘 하루 좋은 일만 가득할 것이다. 그래야 가족들이 하루의 시작을 밝고 활기하게 할 수 있으며, 오늘 하루 이 집 안으로 좋은 기운만 들어올 것이고, 늘 사의 기운이 아닌 생의 기운이 집 안으로 들어올 것이기 때문이다.

이것만 바꿔도 현관이 살아난다

현관에 꽃이나 액자를 두어라. 사실 풍수학을 제대로 이해하기 위해서는, 우리 조상님들이 사셨던 고택을 방문해 보고 그것을 따라 해보는 게 가장 좋다. 고택의 대문을 현관문이라고 생각하면 된다.

과거 수백 년 동안 부를 이어갔던 고택들의 경우, 대문에서 들어오는 입구 이전부터 담벼락 주변까지 꽃이나 나무를 심어두었다. 그리고 과거에는 대문으로 들어오면 입구에서부터 길을 따라 꽃을 심어두었다. 특히 붉은색이나 노란색 꽃이 피는 것으로 말이다. 이것이 집안에 부을 가져온다고 믿었기 때문이다. 따라서 현관에 꽃을 심어두거나 작은 화분을 가져다 두면 아주 좋다.

물론 과거의 집과 현재의 집 구조는 많이 다르다. 또한 수백 평의 정원을 가진 분이라면 이야기는 달라지겠지만, 우리가 일반적으로 살고 있는 아파트의 경우 현관이 이렇게까지 넓은 경우는 거의 없다. 하여 현관이 화분을 두기 적당하지 않다면 노란색이나 붉은색의 꽃이 그려진 액자를 걸어두는 것도 좋다. 화분을 놓는다면 절대로 꽃이 시들거나 죽어서는 안 되며, 액자 역시 자주 닦아 먼지가 쌓이지 않도록 해야 한다. 현관의 꽃은 향기가 있는 것이라면 더욱 좋다.

화분을 들이기 전에
알아야 할 풍수 지식

모든 것은 있어야 할 자리에 있어야 하고, 자격이 있는 자리에 있어야 하며, 음양의 균형이 잘 맞도록 만들어져 있어야 한다. 이게 바로 풍수의 가장 기본적인 원리이다. 남성과 여성이 만나 한 가정을 이루듯, 만물은 자신의 짝을 만나야 비로소 숨겨진 능력이 발휘된다는 원리인 것이다. 하지만 요즘은 수많은 개발과 도로 건설로 인하여 음택의 영향력이 거의 사라졌기 때문에 음택보다는 양택, 그중에서도 내풍수*를 기본으로 판단한다. 따라서 우리 집을 기준으로 자

---

* 풍수는 외풍수와 내풍수로 나뉘는데, 외풍수는 도시나 건물을 짓는 방법을 말하는 것이고 내풍수는 집안을 꾸미는 방법, 배치하는 방법을 말하는 것이다.

신의 기운과 가족의 기운이 균형이 맞도록 만들어 주는 것을 최우선으로 생각한다.

자, 이제 집 안에 있는 식물에 관한 이야기를 해보도록 하겠다. 과거 우리 조상님들은 나무와 식물을 가족처럼 여기셨다. 왜 그러셨을까? 식물은 자신의 시각적인 안정과 심리적인 편안함, 건강과 관련된 측면을 모두 고려할 수 있는 풍수 도구이기 때문이다. 아마 다들 나무를 보면 편안함을 느낄 것이다. 정원에 있는 나무에 꽃이 피고 그 나무에 새가 앉아 자신의 목소리를 자랑하는 것을 듣노라면 마음이 편안해지는데, 이를 통해 우리는 심리적인 안정을 얻게 된다. 또한 나무는 이산화탄소를 삼키고 산소를 뱉어내어 우리가 숨 쉬는 공기를 맑고 쾌적하게 만들어 주니 건강에도 큰 작용을 한다. 하지만 이렇게 좋은 식물도 개인의 집에 절대 있어서는 안 되는 것들이 있다. 앞으로 설명할 몇몇 나무와 꽃은 한 개인이 감당할 수 없는 기운을 뿜어낸다. 동양학에서는 과함은 오히려 없음만 못하다고 보기 때문에 우리에게 좋은 식물이라도 과유불급을 만드는 것은 경계해야 한다. 풍수학에서는 이런 말도 하고 있다. 내가 감당할 수 있는 것은 나에게 득이 되고, 내가 감당할 수 없는 것은 나에게 득이 되지 않는다고 말이다. 우리의 삶 또한 마찬가지이다. 욕심만큼 우리를 파멸로 몰아가는 것은 없다. 그러니 무엇이든 절대 욕심부리지 마라.

집의 기운을 빨아먹는 나무

먼저, 마당에 있어서는 안 되는 나무들에 대해 알려드리도록 하겠다. 첫 번째, 지붕을 넘어서는 과실나무는 마당에 있어서는 안 된다. 집에서 기르는 나무는 관상용이어야 한다. 그런데 마당에 있는 나무가 지붕을 넘으면 나무가 주체가 되고, 집이 객체가 된다. 요즘은 개나 고양이, 새 등을 기르는 분들이 많다. 반려동물을 가족처럼 여기고 집 안에서 기르며 잠을 같이 자기도 한다. 하지만 만약 기르는 동물이 너무 크고 사나워서 자신이 통제할 수 없다면 어떨까? 아마 자신이 통제할 수 있는 개나 고양이, 새 정도를 기르고 싶어 하지, 호랑이나 사자 같은 맹수를 기르고 싶어 하진 않을 것이다. 이러한 동물들은 동물원에 있어야 한다. 나무 역시 마찬가지이다. 큰 과실나무는 농장이나 과수원에 있어야 한다. 나무의 기운에 대해 잘 모르는 분들이 많겠지만, 사실 나무가 뿜어내는 기운은 다른 무엇보다 강하다. 이러한 나무가 마당에 있게 되면 집 주변의 수분들을 다 빨아들이고, 뿌리는 집 곳곳으로 넓게 뻗어갈 것이다. 그렇게 되면 건물의 변형을 만들어 내기도 하며, 이로 인해 땅이 메마르게 되니 건물의 균열이 생겨날 수 있다. 그렇기 때문에 마당이 과실나무를 감당할 만큼 충분히 넓지 않다면, 절대 있어서는 안 된다. 만약 공간이 충분하지 않은데 크기가 큰 과실나무를 키운다면, 과실나무 아래에는 늘 그늘이 질 것이고 이것이 음양의 균형을 깨어 집의 양기는 약해질 것이며, 이로 인해 가정의 성취나 번영은 절대 생겨나지 않을 것이다.

두 번째, 등나무나 은행나무이다. 등나무와 은행나무는 음기가 아주 강한 대표적인 나무들이다. 일제강점기 시절, 일제가 우리 한민족의 정기를 끊기 위해서 왕궁을 막아 조선총독부를 경복궁 앞에 세우면서 그 주변에 은행나무를 많이 심었던 사실을 아는가? 또 어느 지역이든 행정복지센터(구 동사무소)에는 가운데에 항상 은행나무를 심어둔다는 사실은 들어본 적 있는가? 이는 그 지역의 기운을 막고 끊어버리기 위해 일제가 저질렀던 만행이다. 과거 전통 풍수학에는 은행나무가 집에 있으면 집안이 망한다고 말했다. 그렇기 때문에 은행나무나 등나무가 마당에 있다면, 그 가지의 끝이 절대 지붕을 넘지 않도록 늘 가지치기를 해줘야 한다. 다시 한번 말하지만, 가정의 번영을 위해서는 등나무나 은행나무는 웬만하면 키우지 않는 게 좋다는 것을 꼭 명심해라.

실내에 있으면 안 되는 나무나 꽃

다음으로 실내에 있으면 안 되는 나무나 꽃을 알아보자. 첫 번째로는, 시들거나 죽은 나무들이다. 이는 가장 먼저 버려야 한다. 간혹 어디 가서 모양이 좋다고 죽은 나뭇등걸이나 조각들을 주워 오는 사람들이 있다. 하지만 이는 절대 해서는 안 되는 행동이며, 집 안에 이것이 있다면 무조건 버려야 한다. 다시 말하지만, 풍수학은 무의식을 자극하여 의식적으로 행하도록 하는 학문이다. 죽은 나무를 보면서 나의 무의식 속에 좋은 이미지가 생성되기를 기대하는 것은, 마치 파리를 새라고 우기는 것과 똑같다. 잠시 보기에는 좋을지 모르지만, 이것을 계속해서 보면서 살아가야 하는 가족들은 이로 인해 성취에 대한 욕구가 생겨나지 않을 것이고 난관으로 인해 어려움을 겪게 될 것이다.

화분 속에서 시들어 가는 나무도 무조건 버려야 한다. 그리고 죽은 나무토막을 의자, 탁자, 가구, 소품 등으로 사용하는 것 역시 절대 해서는 안 될 일이다. 하지만 죽은 나무토막을 사용하지 말라고 하면 분명 이렇게 말하는 분도 계실 것이다. 세상의 모든 목재는 전부 죽은 나무를 사용한 것이라고 말이다. 하지만 분명 알아야 할 것이 있다. 어떠한 목재든 쓰임이 있는 것은 살아있는 나무를 베어서 만들어진 것이지, 절대 죽어있는 나무를 가지고 가구나 가재도구를 만드는 경우는 없다. 혹 죽어 썩어버린 나무가 너무 멋있어서 이것을 꼭 사용하고 싶다면, 이것으로 인해 해를 입지 않기 위해 반드시 어떤 식으로든 가공을 해야 한다. 색을 칠하든, 니스를 칠하든, 죽은 기운이 새로이 태어난다는 의식을 해주어야 한다는 말이다.

아마 집 안에 숯을 두고 사시는 분들도 있을 것이다. 공기 청정에 좋다느니 어디에 좋다느니 하면서 말이다. 하지만 절대 숯만 두어서는 안 된다. 자, 사진을 통해 한번 살펴보자.

첫 번째 사진의 숯은 절대 집 안에 두어서는 안 되는 숯이다. 이것은 그냥 죽은 나무의 기운이다. 풍수학에서는 이렇게 다른 것 없이 숯만 집 안에 두게 되면, 일이 잘 안 풀리는 경우가 많이 생기고 누가 아프거나 큰 사고가 일어나는 등 안 좋은 일들이 계속 생기게 된다고 말한다. 두 번째 사진의 숯이 집 안에 두는 숯으로 아주 좋다. 집 안에 숯을 둘 때는 이렇게 꾸미고 만들어진 것으로 두어야 한다.

숯이 음이온을 생성하고 전자파를 차단하는 등 좋은 작용을 하는 것은 사실이다. 하지만 숯을 집 안에 둘 때는, 두 번째 사진처럼 다른 소품으로 중화되고 가공된 것을 두어야 한다는 것을 꼭 명심하라.

두 번째, 안개꽃이다. 안개꽃은 생화이든 조화이든 절대 집 안에 두면 안 된다. 안개꽃은 화병에 꽂아두는 것만으로도 가족들에게 침울하고 우울하고 근심스러운 일이 생겨나도록 만든다. 안개꽃 역시 음기가 아주 강한 꽃이다. 다시 말해, 어떠한 음양의 조화도 없이 자체적으로 음기만 가득 품고 있다는 뜻이다. 그러니 아주 잠깐이라면 상관없겠지만 계속 집 안에 두는 일은 절대로 없어야 한다.

세 번째, 키가 큰 관엽식물이다. 집 안에 있는 나무는 절대 사람의 기운을 이겨서는 안 된다. 우리 가정에서는 우리 가족이 주체가 되어야 하고, 그 외의 모든 것은 우리 가족의 기운을 살려주는 객체가 되어야 한다. 앞에서도 마당에 있는 나무가 지붕을 넘으면 나무가 주체가 되는 것이고, 집이 객체가 되는 것이라고 언급한 적 있다. 실내 역시 마찬가지이다. 실내에서 키우는 나무는 절대 가장의 키를 넘어서서는 안 된다. 혹시 집 안에 이런 나무가 있다면, 즉시 옮겨라. 아파트라면 베란다로 옮기고 주택이라면 문밖에 두어야 한다. 베란다로 옮길 때도 창가에 바짝 붙여두어야 한다. 나무와 꽃은 우리 가정에 행복을 가져오는 하나의 소품일 뿐이다. 그렇기에 식물은 항상 우리 가족에게 좋은 기운을 줄 수 있는 것이어야 한다. 스스로 지나친 기운을 뿜어내는 식물은 나뿐만 아니라 우리 가족에게도 큰 해가 된다는 이야기이며, 이는 비단 식물뿐 아니라 행복을 가져오는 소품의 역할을 하는 모든 것에 해당된다. 다시 한번 말하지만, 그 어떠한 소품도 우리 가족의 기운을 넘어서서는 안 된다.

명화를 건다면
'고흐'보다는 '클림트'

그림은 무의식을 안정시키는 역할을 한다. 풍수학이 무의식을 자극하여 의식적으로 행하도록 하는 학문이라는 점에서, 그림은 가장 좋은 풍수 도구 중 하나라고 할 수 있다. 그림에서 나오는 기의 흐름으로 가정의 안정과 번영을 만들어 낼 수 있다. 일전에 한 유튜브 영상을 통해 고가의 그림은 집에 걸어두기에 좋지 않다고 말한 적이 있다. 그랬더니 한 분이 '미술도 모르는 사람'이라는 댓글을 남겼었다. 사실 나는 미술은 잘 모른다. 또 어떤 그림이 명화인지, 어떤 그림이 비싼지, 누가 대단한 화가인지도 잘 모른다. 나는 그저 풍수 전문가의 입장으로 이야기하는 것이다. 풍수학적으로 봤을 때 기운이 너무 강해 전시실에서 여러 사람이 보도록 걸려있어야 하는 그림도 있고, 기운이 우리 가정에 있기 적당하여 집 안에 걸어둘 수 있는 그림도 있다.

　텔레비전을 예로 들어보겠다. 대형 건물이나 큰 벽이라면 300~400인치짜리 초대형 텔레비전을 두는 게 적당하겠지만, 큰 스크린이 좋다고 해서 그것을 우리 집에 가져온다면 어떨까? 30평대 아파트에 300~400인치짜리 초대형 텔레비전이 과연 적당한 걸까? 아마 그 티브이는 설치도 할 수 없는 무용지물이 될 것이다. 집 안에 걸어두어야 하는 그림은 우리 가족의 기운이 감당할 수 있는 것이어야 하고, 대형 전시실에 전시해 놓는 그림은 여러 사람이 기운을 감당해야 하는 그림이어야 한다. 이 그림들은 분명 가정의 재물운과 행복운, 성취운을 상승시킬 것이다. 풍수학에서는 그림에는 분명 기의 흐름이 존재한다고 본다. 좋은 그림은 기의 흐름을 좋게 하여 가정에 재물운과 행복운, 성취운을 살려준다는 것이다. 자, 사진을 통해 우리 가정에 운을 살려주는 좋은 그림에 대해 알아보도록 하자.

가정의 운을 살려주는 그림

해바라기 그림은 복을 기원하는 의미가 있다.

첫 번째는 해바라기 그림이다. 해바라기 그림은 하늘을 바라보며 자신의 바람을 구한다는 의미를 가지고 있다. 우리도 무엇인가를 갈구할 때는 자신도 모르게 하늘을 보게 된다. 그래서 해바라기 그림은 하늘의 복을 기원하는 의미를 가지고 있으며, 해바라기의 황색은 금전, 즉 돈을 갈구하는 의미라고 생각하면 된다. 그러므로 해바라기 그림은 거실에 걸어두면 매우 좋다.

폭포 그림은 돈과 지혜를 소망하는 의미가 있다.

두 번째는 웅장한 폭포 그림이다. 강이나 바다의 그림도 괜찮다. 하지만 특별히 폭포를 추천하는 이유가 있다. 물은 예로부터 돈과 지혜를 상징하는 것이었다. 폭포는 우리 집에 돈과 지혜가 쏟아져 들어오기를 바라는 의미를 가진 것이기 때문이다. 돈은 계속 움직여야 하고 지혜 역시 절대 머물지 않고 계속 생성되어야 하며 새로움이 계속 생겨나야 하는 것이다. 폭포 그림은 너무 부담되지 않을 정도의 크기로 거실에 걸어두는 것이 가장 좋다.

새 그림은 서재에 걸어두는 게 좋다.

세 번째는 새 그림이다. 새는 창공을 나는 동물로, 높은 곳에서 아래를 내려다본다는 의미를 가지고 있다. 다시 말해, 넓은 세상을 날아다니는 희망을 의미한다. 만약 서재가 있다면 서재에 걸어두는 게 가장 좋고, 서재가 없다면 학생 방에 걸어두면 좋겠다.

표암 강세황의 <청죽함로>. 사군자는 자신의 소신을 담는 의미가 있다.

네 번째는 난초 그림이다. 좋은 글이나 사군자四君子도 모두 여기에 해당한다. 난초 그림은 자신의 의지를 담고 있는 것이기에 사업을 하는 분들의 소신이나 철학을 담는 그림으로 아주 좋다. 서재에 걸어두는 게 가장 좋고, 만약 서재가 없다면 학생 방에 걸어두면 된다.

새끼 새는 행복과 가족의 사랑이라는 의미가 있다.

다섯 번째는 행복한 새끼 새 그림이다. 새끼 새 그림은 행복과 가족의 사랑을 의미한다. 따라서 이 그림은 안방이나 거실에 걸어두면 좋다. 가족을 위해 일하는 배우자는 이 그림을 보며 자신의 각오를 다시금 다지게 될 것이니 말이다.

품위 있는 그림은 현관에 걸어주는 게 좋다.

여섯 번째로, 품위 있는 그림이다. 현관에는 품위 있는 그림을 걸어두어야 한다. 현관은 집안의 명예를 나타내고, 집안의 격조를 남에게 처음으로 보여주는 곳이며, 우리 가족이 늘 오가는 곳이다. 가족들은 현관에 걸려있는 그림을 보고 밖에서 품위 있고 격조 있게 행동할 것이고, 우리 집에 방문하는 사람들은 우리 집의 품위를 느끼게 될 것이다. 그러니 만약 현관에 그림을 걸고 싶다면, 품위 있는 그림을 선택해 걸어야 한다.

마지막으로, 가족들의 얼굴이 그려진 캐리커처이다. 캐리커처는 우리 가족의 행복을 만드는 그림이다. 캐리커처 속 얼굴은 약간 우스꽝스러운 게 좋고, 당사자의 특징이 잘 드러나도록 그려졌다면 더더욱 좋다. 그래서 누군가 현관에 걸만한 그림을 추천해 달라고 하면, 꼭 캐리커처를 추천하곤 한다. 놀이공원이나 문화센터 같은 곳에서 그림 그리는 분들이 가볍게 그려주는 그림 말이다. 이런 그림을 액자에 넣어 현관에 잘 걸어둔다면, 이 집에 들어오는 사람들은 분명 이 집안의 행복을 느끼게 될 것이다. 그리고 매일 출근할 때 이 그림을 보면, 가족에 대한 소중함을 다시금 새기게 될 것이다. 다정하게 그려진 가족 그림을 현관에 걸어둔다면, 이 집안의 행복은 영원할 것이다.

그림은 걸려있어야 하는 장소가 따로 있다. 그리고 걸려있어야 하는 그림도 따로 있다. 그림의 크기는 자신의 집의 크기에 비례하여 선택해야 한다. 이런 작은 암시들이 나의 무의식 속에 쌓이고 쌓이다 보면, 나도 모르게 나의 행동이 바뀐다. 이것이 바로 좋은 풍수 그림을 집 안에 걸어야 하는 원리이자 기본 취지인 것이다. 어지럽고 혼란스러운 집에서는 품위와 격조를 기대하기 힘들고, 무섭고 두려운 분위기에서는 안정감을 기대하기 어렵다. 이 작은 안정과 품위, 격조가 모이고 모여서 자신의 근본 성품이 되고, 이 근본 성품이 자신의 삶을 번영으로 인도하기도 하고 어려움이 가득한 삶으로 인도하기도 하는 것이다.

명화라고 해서 무조건 좋은 것은 아니다

풍수학에서는 그림이나 글에는 고유의 기운이 있다고 말한다. 그렇기 때문에 기운이 좋은 그림이나 글을 집 안에 걸어두는 것은 아주 좋지만, 그렇지 않은 그림은 집 안의 기운에 해를 주게 되니 절대 걸어두어서는 안 된다. 현대 심리학에서도 그림 치료니, 성격을 교정하는 수단이니 하면서 그림을 많이 사용하고 있다. 이렇듯 그림은 한 사람의 심리를 투영시키는 것이라고도 할 수 있다.

그렇다면 집 안에는 어떤 그림과 글이 있어야 할까? 과연 어떤 그림과 글이 내 삶과 우리 가정의 행복에 도움이 될까? 결론적으로 말하자면, 혼란스럽거나 무섭고 심리적으로 안정을 저해시키는 그림이나 아무렇게나 휘갈겨진 글은 없느니만 못하다. 이런 그림이나 글은 아주 해로우니 절대 집 안에 들이지 말아야 한다. 먼저, 그림 몇 점을 보고 이야기를 이어가 보도록 하자.

고흐의 <까마귀떼 나는 밀밭>

고흐의 <별이 빛나는 밤에>

이 그림들을 보면 아마 혼란이나 어지러움, 두려움 등이 느껴질 것이다. 이렇듯 명화라고 해서 무조건 좋은 것은 아니다. 작품성과는 상관 없이 그림의 기운이 너무 세면 안정감을 해치기 때문이다. 집 안에 걸어둘 그림에는 안정감이 있어야 한다. 살다 보면 이 그림들을 항상 정면에서만 보진 않을 것이다. 그러니 측면이든, 정면이든 어느 각도에서 보더라도 안정감이 느껴지는 것을 선택해야 한다. 그리고 의지나 욕구가 생겨나는 그림이어야 한다. '행복해져야겠다', '부자가 되어야겠다', '성공해야겠다', '더욱더 노력해야겠다' 하는 의지가 생겨나는 그림이 최고의 그림이다. 나도 모르게 무의식 속에 이러한 긍정적인 잠재의식을 새겨 넣을 수 있으니까 말이다. 마지막으로 그림에서 행복이 느껴져야 한다. 집 안에 걸려있는 그림은 늘 가족 모두가 오가면서 수시로 보게 된다는 것을 인식하고 있어야 한다. 그렇기 때문에 가족 구성원 모두의 마음속에 행복감이 느껴질 수 있는 그림이 걸려있다면, 가정에는 다툼이나 갈등이 절대 생겨나지 않을 것이며 가족들의 행동 역시 행복을 추구하도록 만들어질 것이다. 지금까지 그림을 선택하는 대전제에 관해 이야기했다면, 이제는 절대 선택하지 말아야 할 그림의 조건들에 관해 알려드리도록 하겠다.

첫 번째는 불안정한 그림이다. 앞서 보여드렸던 그림을 다시 한번 보도록 하자. 이런 그림은 가정에 혼란을 가져올 것이다. 마음은 곧 행동이요, 행동은 곧 만사이다. 우리의 모든 성공, 행복, 번영, 안정은 전부 우리 마음속에 있는 것이다. 내 마음이 바르면 내 행동이 바르게 되는 것이고, 내 행동이 바르면 그에 따라 나에게 오는 모든 결과가 바르게 나타난다. 하여 불교에서는 일체유심조一切唯心造라는 말을 많이 사용하고 있는데, 일체유심조란 세상만사 모든 것이 내 마음속에 있다는 뜻이다. 내 마음속에 혼란이 있다면 세상 모든 것이 혼란스럽게 보이고, 화나 불쾌함이 있다면 상대방의 어떤 호의도 귀찮고 짜증스럽게 느껴진다. 집 안의 그림들은 자신도 모르게 무의식 속에 잠재되고 있는 마음들이다. 그러니 절대 불안정한 마음을 본인이나 가족들의 마음속에 새겨 넣어서는 안 된다.

두 번째는 용, 거북이, 호랑이와 같은 동물 그림이다. 아마 이와 같은 동물 그림을 집 안에 걸어둔 분들이 많을 것이고, 또 우리가 주변에서 흔히 보던 그림들일 것이다. 하지만 이 그림들에는 나름대로의 확연한 의지가 담겨있고 그 기운이 너무나도 강하기 때문에 일반적인 가정에는 어울리지 않는다. 동양학에서는 불용不用이라는 단어를 아주 중요시한다. 이는 감당할 수 없는 것은 절대 사용하면 안 된다는 뜻이다. 예컨대 이름을 지을 때는 신을 나타내거나 동서남북을 나타내거나 용, 호랑이, 거북이 등의 영험함을 나타내는 한자는 사용하면 안 되고, 묏자리는 감당할 수 없는 곳에 써서는 안 된다. 그림 역시 마찬가지이다. 그렇기 때문에 자신이 감당할 수 있는 그림만 선택해야 한다.

예컨대 용 그림은 사람을 많이 거느린 사람이 걸어두어야 한다. 나에게 자신의 인생을 건 사람이 수백, 수천 명이 되어야 용 그림을 감당할 수 있다. 또한 거북이 그림 역시 단순히 장수만을 의미한다고 생각을 하지만, 이 또한 책임져야 할 사람이 많다는 것을 의미한다. 그러니 이러한 입장에 있는 사람만 걸어두어야 한다. 호랑이 그림 역시 무장으로서 수십, 수백을 거느린 사람이 사용해야 하고, 이렇게 사용될 때만 그 기운을 감당할 수 있다. 쉽게 말하면, 이러한 동물 그림들은 혼자만의 힘으로 이겨낼 수 있는 그림이 아니라는 말이다. 물론 막 그려진 그림이라면 크게 상관없겠지만, 명망 있는 사람이 그린 그림이라면 일반 가정에는 절대 걸어두면 안 된다.

본디 사람에게는 다 나름대로의 그릇이 있다. 그릇은 삶을 살아가면서 많은 것을 경험하고 모진 고난을 견디며 점점 커진다. 하지만 현재의 그릇이 앞서 말한 정도가 되지 않는다면, 이 그림들을 걸어놨을 때 오히려 큰 해가 된다는 것을 꼭 기억하라. 명검은 그 칼을 사용할 수 있는 사람이 사용해야 하고, 천리마는 그 말을 탈 자격이 있는 사람이 타야 한다는 말이 있다. 그림 역시 마찬가지이다. 물론 수백 명을 거느린 회사의 오너이거나 수백 명의 병사를 거느린 장교라면 걸어두어도 좋으며, 이로 인한 해는 생기지 않을 것이다.

세 번째는 날카로운 그림이다. 날카로운 그림이란 칼 그림이나 날카로운 선으로 연결된 그림 등을 말한다. 풍수학에서는 집 안에 날카로움이 있어야 하는 곳은 단 한 곳, 주방뿐이라고 말한다. 주방을 뺀 나머지 공간에는 날카로운 것이 있어서 좋을 게 없다. 주방을 제외한 나머지 공간에는 날카로운 것이 있어서 좋을 게 없는데, 하물며 이것이 가족들이 매일 오가는 곳에 걸려있으면 어떻겠는가? 이미 집안에 사건이나 사고가 끊이지 않을 것이며, 이로 인해 가정의 행복이나 평화는 절대 이루어지지 않을 것이다. 따라서 이러한 그림은 절대 집 안에 걸어두면 안 된다.

이외에도 저물어 가는 석양 그림이나 차가운 느낌의 그림 역시 피하는 게 좋다. 이 그림들은 전부 우리의 무의식 속에 낙담, 포기, 좌절 등의 마음을 심어주기 때문이다. 이렇게 생각하면 이해하기 쉬울 것이다. 건강을 위해서 영양제를 먹듯이, 가정의 행복을 위해서 영양제를 먹는 것이라고 말이다. 이렇듯 풍수 도구들은 우리 가정을 위한 영양제이다. 좋은 영양제를 먹으면서 건강을 회복하듯 좋은 풍수 도구로 인하여 가정은 튼튼해질 것이고, 이 튼튼함이 바로 가정의 행복, 명예, 부, 성취 등을 만들어 내는 초석이 될 것이다.

청소할 시간도 없이
바쁘다는 변명

　풍수학에 따르면 절대 집안에 두면 안 되는 것이 있다. 풍수라고 하면 묏자리나 집터를 떠올리겠지만, 실제로 현대에 와서 더욱 주목받고 있는 부분은 바로 일상생활에서의 풍수다. 이를 '풍수 인테리어'라는 영역으로 구분하겠다. 그렇다면 과연 풍수 인테리어라는 것은 무엇일까? 풍수에 좋다는 대로 꾸미게 되면 우리의 삶에 큰 변화가 오게 되는 것일까? 눈에 보이지도 않는 것들이 우리에게 어떠한 영향을 줄 수 있을까?

　동양의 학문에서는 세상에 어떠한 것이라도 일정한 결과가 생겨난 데에는 반드시 그에 맞는 원인과 과정이 있었다고 이야기를 한다. 결과보다는 과정을 더욱 중요시하며, 무엇이든 원인을 찾지 못하면 절대 결과를 바꿀 수 없다고 보기 때문에 우리의 학문을 인과의 학문이라고 표현하는 것이다. 세상 어떠한 일이라도 반드시 그에 맞는 원인과 과정이 있다.

풍수 인테리어는 우리가 매일 보고 살아가는 집안 곳곳의 가구와 분위기가 나에게 선한 영향력을 주도록 하여 무의식을 자극해 선한 결과를 만들어내고자 하는 학문이다. 집안의 모든 공간이 중요하지만, 특히 거실은 집안의 번영운과 성취운을 만들어내는 영역이기 때문에 어떠한 이유에서든 이 기운을 약하게 하는 것을 두지 말아야한다. 지금부터 말할 부분을 주의하지 않는다면 어떤 식으로라도 가족들의 무의식에 나쁜 영향력을 줄 것이고 이로 인해 그 당사자는 자신의 기운을 전혀 발휘하지 못하고 살아가게 될 것이다.

거실의 기운이 쇠하면 주인도 쇠한다

첫 번째로 주의해야 하는 것은 거실의 벽지 색상과 조명이다. 거실 조명이 밝아서 나쁠 것은 없지만 어두워서는 안 된다. 벽지 또한 최대한 밝은색을 고르는 것이 좋다. 본인의 취향 때문에 거실을 너무 밝게 만드는 것이 싫다면 두 가지 방법이 있다. 밝은 벽지를 고르고 적당한 밝기의 조명을 쓰거나, 조금 어두운 톤의 벽지를 고르고 밝은 조명을 쓰는 것이다. 또한, 거실은 양기가 아주 강해야 하는 곳이기 때문에 창문은 자주 열어두는 것이 좋으나 소음이나 매연으로 인해 환기가 어렵다면 시간을 정해 창문을 열어두는 게 좋다. 가능한 낮 시간에 창문을 열어두는 것을 권한다.

두 번째로 주의해야 하는 것은 거실의 가구들이다. 너무 무거운 느낌이 나는 가구들은 반드시 피해야 한다. 거실은 우리 가족들뿐만 아니라 손님들도 오래 머무는 곳이다. 따라서 너무 무거운 색의 가구나 어둡고 칙칙한 느낌의 가구는 피하는 것이 좋다. 집에 오는 손님들이 우리 가족들을 너무 무겁고 칙칙하고 고리타분하게 바라볼 수 있기 때문이다. 또한, 이러한 색상은 우리 가족을 경직시켜 지나치게 딱딱하고 보수적으로 만들 수 있다. 이러다 보면 가족들 간에 쉽게 불만이 생길 것이다. 가족들은 항상 서로 이해하고 양보하고 보완하는 존재가 되는 것이 최상이다. 이곳 거실에 너무 무거운 느낌의 가구만 있다면 그 가구 위에 밝은 분위기의 꽃병이나 꽃 모양 조명 같은 것들을 둬서 그 느낌을 희석시켜야 한다.

세 번째로 주의해야 하는 것은 거실의 식물들이다. 집의 크기에 따라 들여야 하는 식물의 숫자가 달라지는데, 약 10평당 식물 하나를 집안에 두는 것이 가장 적당하다. 예를 들어 서른다섯 평 정도의 집안이라면 약 4개 정도의 식물을 들이는 게 가장 이상적이다. 이는 거실이 아닌 집안 전체를 말하는 것이다. 이 중에서 거실에는 약 두 개 정도를 두는 것이 가장 좋은데. 이 식물은 반드시 활기와 생기가 있어야만 한다. 죽어가는 식물은 반드시 버려야만 한다는 것을 꼭 명심해라. 또한, 사람 키보다 큰 나무나 식물은 절대 거실에 두면 안 된다. 혹시 거실에 이런 식물이 있다면 반드시 베란다로 옮겨라. 가장의 성취운이 꺾이게 된다. 또한, 죽음의 의미가 담긴 나무들 역시 거실에 두면 안 된다는 것을 명심해야 한다. 예를 들어 숯이나 죽은 나무의 밑동, 죽은 나무의 가지를 가져와서 집 벽에 걸어두는 것은 스스로 집의 생기를 말려버리는 것과 같다. 이 집에 직장생활을 하는 사람이 있다면 그 사람은 반드시 직장의 어려움으로 큰 고통을 받게 될 것이다. 혹시 이러한 식물들이 있다면 숯은 바구니에 천이나 조화들로 잘 꾸며서 담아두어야 하며. 절대 죽은 느낌이 나지 않도록 만들어야 하고 다른 나무들 역시 치장을 하여서 부드러움이 잘 드러나도록 한껏 치장해야 한다.

네 번째로 주의해야 하는 것은 그림과 액자다. 세상 모든 것은 그 쓰임이 있는 법이고 그 임자 또한 따로 있는 법이다. 기운이 너무 강한 그림은 절대 가정집의 거실에 두면 안 된다. 또한 흉한 그림, 혼란스러운 그림 역시 마찬가지다. 이런 그림들은 습성을 만들고 습성은 나쁜 습관을 만든다. 이런 그림들이 걸려 있는 집에서는 누군가 갑자기 화를 내거나 소리를 지르는 비이성적인 행동을 하게 될 것이고 가족 구성원들 간의 화합이 이루어지지 않을 것이다. 따라서 앞에서 이야기했듯 거실의 그림은 반드시 안정적이고 화목한 그림을 걸어두어야 한다. 해바라기나 과일 그림, 산 그림, 물이 졸졸 흐르는 그림이 가장 좋다. 용이나 호랑이처럼 기운이 너무 강한 그림, 총이나 칼 같은 무서운 그림, 중심이 잡히지 않은 기울어진 그림은 꼭 치워야만 한다.

다섯 번째로 주의해야 하는 것은 소파와 장식장이다. 소파는 예전의 방석 개념이기 때문에 반드시 식구의 수보다 한두 개 많아야 하며, 가능하면 서로 마주보게 배치를 해야 한다. 집안 구조상 불가피하게 일자로 배치를 해야 한다면 앞에 테이블이나 탁자를 하나 두고 그 위에 예쁜 꽃병이나 책을 몇 권 올려두어야 한다. 거실 장식장에는 명성이나 명예와 관련된 것들을 넣어두어야 한다. 절대 장식장 안에 장난감 같은 잡동사니는 넣어두면 안 된다. 이는 우리 집안의 명예운을 손상시키는 행동이다. 풍수학은 나도 모르게 행하는 나의 무의식을 교육하는 학문이다. 현대 뇌과학자들이 항상 하는 말처럼 당신의 모든 행동이 당신의 무의식에 기반을 둔다는 것을 잊어서는 안 된다. 이 무의식이 선한 영향력을 받도록 하는 것이 풍수 인테리어의 기본임을 잊지 말아야 할 것이다.

그렇다면 부자의 거실은?

필자는 재벌, 빈자 등 다양한 사람을 만나보았다. 그렇다면 재벌과 빈자의 가장 큰 차이가 무엇일까. 바로 생각의 차이이다. 하나만 예를 들어보자. 부자들은 집을 깨끗이 청소해놓아야 돈도 들어오고 운도 들어온다고 생각을 하는 반면에, 절대 부자가 될 수 없는 사람들은 부자니까 시간이 많을 것이고 시간이 많으니 집을 정리하고 청소할 시간도 많을 것이라고 생각한다. 더 나아가 절대 부자가 될 수 없는 사람은 자신이 지금 부자가 아니니까 청소할 시간도 없고 정리할 시간도 없으며 남들에게 잘해줄 시간과 여유 역시 없다고 생각을 한다. 이것이 바로 풍수학에서 말하는 운의 선순환과 악순환이다.

한번 생각을 바꿔봐라. 분명 서서히 운이 들어올 것이다. 운이 들어오면 삶이 변하고 삶이 변하면 재미가 생길 것이고 재미가 생기면 더욱더 운을 만들어내는 행동들을 하게 될 것이다. 이것이 바로 운의 선순환이다. 몇 번이나 말했지만, 풍수학은 무의식을 만드는 학문이다. 자신도 모르게 행하는 말, 행동, 표정, 습관 같은 것들을 만드는 학문이라는 것이다. 평안과 안정, 깔끔함과 행복함 같은 삶의 즐거움은 당신의 삶과 표정, 행동 모두 밝고 활기차게 바꿔줄 것이다. 이것이 바로 이미 부자자 된 사람들이 반드시 지켰던, 그리고 스스로를 부유하게 만들어 주었다고 말하는 거실 풍수의 기반이다. 자, 그렇다면 이제부터 부자의 거실에는 어떤 것들이 있는지 알아보도록 하자.

첫 번째는 가족사진이다. 가족사진은 이 집안의 명예운과 화목운을 높이는 최고의 풍수 인테리어다. 필자가 지금껏 방문했던 거의 모든 부유한 집들의 거실에 반드시 가족사진이 걸려 있었다. 가장 큰 가족사진을 거실의 가장 넓은 벽면에 둬야 하고 그 높이는 이 집안에서 가장 키가 큰 사람이 벽에 섰을 때 정수리 기준으로 약 30도 정도 위쪽이다. 대부분의 가정이 현관 정면에 tv를 놓아두는데. 원래 이곳이 가족사진을 놓아두는 가장 좋은 장소이고 그 맞은편에 tv를 두는 것이 좋다. 하지만 굳이 이렇게 위치를 따지지 않더라도 반드시 가족사진은 벽에 하나 정도는 걸어두는 것이 집안의 번영을 만드는 최고의 수단이라는 것은 명심하여야 한다.

세 번째는 소파다. 과거에는 대부분 소파가 거실을 원형으로 둘러싸도록 배치를 해두었다. 이는 원이 가장 안정적인 도형이기 때문이었다. 하지만 요즘은 편의를 위해 소파를 일자로 배치하는 분들이 많다. 이것은 가족 구성원들의 수가 점점 적어지며 생겨난 일로, 가족 구성원들이 2명 3명이라면 상관이 없겠지만 만일 가족들이 많다면 대화의 단절을 만들어 내게 될 것이다. 앞에서 말했듯, 부잣집에서는 반드시 소파를 마주 보도록 배치한다. 또한, 소파에 놓아두는 쿠션은 가능하면 적은 것이 좋다. 쿠션이 있으면 소파에서 잠을 자게 되기 때문이다. 소파에서 잠을 자게 되면 방석에서 잠을 자는 것과 마찬가지의 일이 되며, 이는 생기를 소멸시켜 집의 번영을 막게 된다는 것을 꼭 알아야 한다.

네 번째가 진열장이다. 앞서, 거실은 명예를 상징하는 곳이라고 말했다. 가정의 모든 명예로운 것들은 거실에 있어야 한다. 자녀들이 받은 상장, 상패 등을 모두 거실에 전시하는 것이 최고의 풍수 인테리어다. 상장과 상패가 너무 많아서 도저히 거실에 공간이 나지 않는다면 따로 전시를 해도 무방하다. 하지만 원칙적으로는 반드시 거실에 두는 것이 좋다.

다섯 번째가 돈과 관계된 그림이나 액자다. 부잣집들은 하나같이 돈 성공 화목 번영이 연상되는 그림들을 걸어두고 있다. 이 그림의 크기는 반드시 거실의 크기에 맞아야 하고 아무리 그 그림이 명화라고 하더라도 꼭 우리 가족의 기운에 맞아야만 한다.

여섯 번째는 사랑과 의지를 담은 소품들이다. 부자들의 거실에는 반드시 자신의 의지를 담은 물건들이 있다. 또 이 거실에 가족의 화목을 상징하는 물건을 반드시 둔다. 이것이 사진일 수도 있고 그림일 수도 있고 책일 수도 있고 물건일 수도 있고 자신의 꿈을 나타내는 모형이나 물건일 수도 있다. 꼭 명심하라. 부자들은 누구나 목표 의식이 분명하고 소품들을 보면서 자신의 의지를 다진다는 것을 말이다. 또한 이들은 가족의 화목이 부를 만드는 가장 기본적인 원칙이라는 것을 모두 잘 안다. 그렇기 때문에 이를 상징하는 소품을 꼭 거실에 둔다. 대부분의 부자들은 거실에 오래 머물지 하지만 거실은 집의 구심점이자 휴식을 취하는 곳이고 가족들과 대화를 나누는 곳이다. 앞서와 같은 것들은 부잣집에 반드시 있는 것이며 이들은 이를 자신의 무의식에 성공을 심어 넣어 항상 자신의 행동이 성취를 위한 행동이 되도록 만든다. 앞서 말한 거실 풍수 인테리어 중 따라 할 수 있는 것도 있을 것이고 따라하기 어려운 것도 있을 것이다. 하지만 부자들이 앞서 말한 것들을 명심하고 이해한다면 당신의 마음도 그렇게 변해갈 것이고 역시 어느 순간 운의 선순환에 올라탈 수 있게 될 것이다.

　마지막으로, 풍수 인테리어 소품은 아니지만 꼭 강조하고 싶은 게 있다. 바로 청결함이다. 청결함은 세상 모든 부잣집의 가장 기본적이고 가장 원칙적인 것이다. 풍수학에서는 청결하지 않은 부자는 절대로 없다고 말한다. 집안에 더러움이 없다는 것은 부지런하다는 의미이고 이 부지런함이 성공을 만들고 부를 만드는 가장 기본적인 정신이라는 것은 동서양 어디든 모든 성공의 첫째 원칙이다.

안방은
단순하고 깔끔하게

안방은 부부의 사랑이 시작되는 곳이자 집안의 안정이 만들어지는 곳이다. 따라서 예로부터 안방은 집안의 중심이 되는 곳이며 가장 어른이 거처하는 곳으로 여겨졌다. 안타깝게도, 안방을 풍수학적으로든 현대 심리학적으로든 잘못 만든 분들이 너무 많다.

집안의 어른들이 생활하는 안방에는 집안에서 가장 품위 있는 것, 고급스러운 것들이 있어야 한다. 하지만 아마 많은 분들이 잡동사니 같은 것들, 가치가 없는 것들을 안방에 두고 있을 것이다. 이러니 집안에 질서와 안정, 번영이 생기기 않는 것이다. 안방은 집안의 지휘자가 머무는 곳이다. 이 개념을 명확히 가지고 있는 부자들은 안방을 가치 있게 만들려고 노력한다.

아마 대부분이 안방의 침대에만 신경을 쓸 것이다. 하지만 침대 역시 단지 안방의 소품에 불과하다는 사실을 알아야 한다. 소품보다 중요한 것은 분위기다. 안방은 위엄과 품위가 있어야 한다. 그리고 안락하고 편안해야 한다. 누구든 이곳에 들어오면 안정감이 생길 수 있도록 말이다. 이곳은 집안의 중심이며 전쟁터로 말하면 지휘소 같은 곳이고 회사로 말하면 사장실 회장실과 같은 곳이다. 이를 위해 이곳에는 반드시 신경 써야 하는 것이 있다. 또한 절대 없어야 하는 것도 있다. 누구든 자신의 집안에 돈이 들어오지 못하도록 만드는 물건이 안방에 가득 차 있는지 살펴야 하며 특히 몇 가지 소품은 반드시 치워야 한다. 그래야 집안으로 돈이 들어오고 이로 인해 번영도 행복도 얻을 수가 있다.

부자들은 하루를 정리정돈으로 시작한다

첫 번째로 신경을 써야 하는 것은 침구의 색상이다. 이는 침대가 있는 집이든 침대가 없는 집이든 마찬가지이다. 대부분이 침대의 머리 방향에 관한 이야기에만 신경을 쓰는데 이는 과거에 외벽이 두텁지 못해서 외풍이 많던 시절에 만들어진 이야기다. 또한 미신적인 요소가 많이 가미되어 있어서 현대의 풍수학에는 맞지 않는 부분도 많다.

침구는 단순하지만 품위가 있어야 한다. 안락해야 하며 어머니 품속처럼 포근해야 한다. 또한 안방은 집안의 중심이 되어야 한다. 그래서 풍수학에서는 안방을 토오행에 비유한다. 또한, 잠을 자고 휴식을 취한다는 것은 하루를 마무리한다는 의미도 있기 때문에 안방은 수오행의 영역이기도 하다. 그래서 토오행과 수오행의 연결을 원활하게 만들어주는 금오행의 색인 흰색이 침구로써 가장 좋다는 것이다. 목오행을 의미하는 청색 계열은 반드시 피해야 한다. 또한 풍수학에서는 침구가 가볍고 두터운 것이 좋으며 단순하고 화려하지 않은 것이 좋다고 말한다.

두 번째로 신경을 써야 하는 것은 잠을 자는 방향이다. 침대는 단순히 잠을 자기 위한 하나의 소품일 뿐이며 정말 중요한 것은 잠을 자는 방향이다. 절대 침대 자체가 어떤 역할을 하는 것이 아니라는 것이다. 항상 머리를 동쪽이나 남쪽으로 두고 잠을 자는 것이 좋다. 북쪽은 가능한 피해라. 현대 의학에서도 아침에 일어나 햇살을 머리에 받게 되면 세라토닌이 생성되어 활력이 넘치게 된다고 말한다. 이는 우울증 예방에도 좋고 밝은 성격이 만들어지는 데에도 좋다. 과학적으로 봤을 때도 공기의 흐름상 먼지가 가장 많이 쌓이는 곳이 서쪽과 서북쪽이라고 한다. 따라서 당연히 잠을 자는 방향에 신경을 써야 하지만 더욱 중요한 것은 무조건 거실 조명과 안방 화장실 조명을 피할 수 있는 곳에 머리를 두고 잠을 자야 한다는 점이다.

세 번째가 침구의 정돈이다. 이는 부자가 될 수 있는 사람과 부자가 될 수 없는 사람을 가르는 원칙이기도 하다. 하버드대학교 연구에 따르면 백만장자들의 가장 중요한 습관 중 하나가 침구의 정돈이었다고 하며, 매일 아침 침구를 가지런하게 정돈하는 사람들이 그렇지 않은 사람들보다 약 300% 정도의 성취를 더 이루었다는 논문이 발표되었다. 매일 아침 일어나자마자 침구를 정돈하는 사람은 틀림없이 아주 부지런한 사람일 것이다. 혹시 이런저런 핑계를 대면서 침구 정돈을 미루고 있지 않은가? 이는 잘못된 습관이자 부부가 부지런하지 못하다는 반증이기도 하다. 오늘부터 아침에 일어나 침구 정돈을 해봐라. 분명 하루의 시작이 상쾌할 것이다.

안방은 마음의 안식처

그렇다면 안방에 절대로 있어서 안 되는 것에는 어떤 게 있을까? 첫 번째로 안방에는 절대 차갑거나 날카로운 물건이 있어서는 안 된다. 이는 풍수학뿐만 아니라 심리학에서도 말하는 것이다. 심리학

연구에 따르면 날카로운 물건을 볼수록 안정감이 떨어지고 불안감이 증가한다고 한다. 우리 조상님들도 안방에는 쇠붙이가 있어서 좋을 게 없으며 여유로움을 해치는 어떠한 물건도 안방에는 두지 않아야 한다고 하셨다. 혹시 철제로 된 가구들이 안방에 있다면 겉에 다른 무늬를 입히든가 치우도록 하라. 우리 인간에게 최고의 보약은 바로 잠을 푹 자는 것이라는 점을 꼭 알아야 한다.

두 번째가 대형 거울이다. 자신의 얼굴 크기만큼 작은 얼굴이라면 상관이 없다. 절대 전신을 다 비출 만한 크기의 거울이 안방에 있어서는 안 된다. 거울은 풍수학적으로 활동과 움직임, 화오행을 상징하는 것이다. 잠을 자고 휴식을 말하는 수오행의 영역과는 정면으로 대조된다. 만약 거울을 따로 둘 곳이 없다면, 거울을 벽쪽으로 틀어둬야 한다. 절대 누워서 거울에 자신이 보이는 일이 없도록 말이다. 대형 거울을 안방에 두면 육신과 영혼이 같이 푹 쉬어야 하는 잠자리가 편안해질 수 없다. 심지어 꿈자리가 사나워질 수도 있으니 안방에 둔다면 최악의 풍수 소품이 된다고 말할 수 있다.

세 번째가 종교적인 물건이나 공포를 줄 수 있는 물건들이다. 기독교인이나 카톨릭 교인이라면 십자가나 묵주, 불교의 신자라면 작은 염주 정도는 안방에 둬도 무방하다. 굳이 더 나아간다면 작은 예수님 동상이나 작은 마리아님 동상 정도가 최후의 선이다. 이마저도 부부가 같은 종교를 가지고 있거나 서로의 허락이 있는 상태여야 한다. 절대 무속적인 소품이나 부적 같은 것들은 안방에 있으면 안 된다. 이는 풍수학에서도, 서양에서도 최악으로 치는 소품들이다. 동물 박제품이나 이와 비슷한 소품들도 절대로 두면 안 된다. 그림이나 사진도 편안한 느낌을 주는 것 이외에는 절대 안방에 두어서는 안 된다. 침대나 가구 역시 가능한 굴곡이 없는 단순한 것이 좋다. 소품에 너무 굴곡이 많다면 부부의 결단력이 떨어지고 우유부단한 사람이 되기 때문이다. 너무 각이 진 것이 있다면 늘 다툼이 생기고 타인과 갈등을 빚게 될 것이다.

목오행을 상징하는 화분은 안방에 최악

마지막으로, 안방을 복잡하고 어지럽게 만들면 절대 안 된다는 말을 하고 싶다. 벽에 걸린 장식품도 가족사진이나 두 부부의 사랑이 담긴 사진 한두 개를 제외하고 어떠한 것도 없어야 하며 벽시계조차 없는 것이 최상이다. 또한, 큰 화분이나 혼란스러운 느낌의 액자가 이곳에 있다면 빨리 치워버려라. 아주 작은 화분을 한두 개 정도 창가에 올려둔다면 모를까 살아있는 큰 식물, 혼란을 주는 액자 등은 절대로 두면 안 된다. 식물이 있어야 맑은 공기가 생긴다는 말은 하지 마라. 맑은 공기를 위해서라면 안방에 공기청정기를 두는 것이 훨씬 더 낫다. 화분과 식물은 목오행을 상징하기 때문에 안방에서는 최악의 소품이라는 것이며 그 외에 불필요한 물건들은 모두 치워서 혼란스럽다는 느낌이 들지 않도록 해야 한다는 것을 명심해야 한다.

부엌을 관장하는 조왕신이
재물복을 가져온다

    부엌은 풍수학에서 재물운과 건강운을 의미하는 영역이다. 아마 풍수학의 의미를 제대로 이해하지 못하는 사람이라면 부엌 하나 잘 만들어 둔다고 설마 집안에 재물운이 상승하겠냐고 말할 것이다. 하지만 필자가 그동안 들어가 보았던 거의 모든 부잣집의 부엌이 다 이랬고 그들 역시 이를 반드시 지켜야 하는 원칙으로 여기고 있었다. 오히려 필자가 적당히 하라고 말리고 싶을 만큼 말이다. 하지만 삶이 어려워 필자에게 고통을 호소하던 거의 모든 집의 부엌은 늘 이를 무시하고 있었다. 그렇다면 어떤 것을 부엌에 놓아야 할까? 지금부터 알아보도록 하자.

부엌에 반드시 있어야 하는 것들

첫 번째로 부엌에는 반드시 꿀단지가 있어야 한다. 누군가는 '집에 꿀을 발라놨나, 뭐 그렇게 집에 일찍 들어가려고 해'와 같은 말을 들어봤을 것이다. 그럼 왜 우리 어른들은 이런 말씀을 하셨던 것일까. 단지 꿀이 달고 좋은 것이기에 그랬던 것일까. 이는 바로 우리 민족에게 꿀이 가장 귀하고 소중한 식품으로 대우를 받았기 때문이다. 또한, 꿀이 노동력의 상징이자 노동에 대한 결과물이라는 의미를 가지고 있기 때문이다. 그래서 우리 조상님들은 꿀을 부엌에 둔다면 재물운이 살아나게 된다고 말씀하셨으며, 벌이 꿀을 모으는 것처럼 집안에 재물을 계속 모을 수 있게 된다고 말씀하셨던 것이다. 동양뿐만 아니라 서양 역시 꿀을 귀하게 여겼다. 웬만한 병에는 꿀을 모두 섞을 정도로 소중한 약재로 여겼기 때문이다. 그렇다면 서양에서는 꿀이 약재로서의 가치가 있다고 여겨서 매번 처방했던 것일까. 그것보다는 부정한 기운을 물리치는 의미가 있다고 여겼기 때문이다. 이는 우리 음양론으로 살펴보아도 그렇다. 꿀은 아주 강한 양기를 가진 식품이다. 그리고 부엌은 집안에서 가장 강한 음기를 가진 장소다. 이 두 기운이 서로 중화가 되어야 부엌의 기운이 살아난다. 부엌의 기운이 살아나게 된다면 재물운이 살아나게 된다는 것은 말할 필요도 없을 것이다. 현대 풍수에서는 꿀을 부엌 남쪽에 두면 재물운이 살아난다고 말하지만, 사실 꿀을 단지에 담아 부엌에 두는 것 자체만으로도 부정한 기운이 사라지게 되며 이로 인해 재물운이 살아난다고 판단하는 것이 옳다. 꿀은 가장 밝고 가장 높은 곳에 두어야 한다. 양은 크게 중요치 않다. 밝은색이 잘 드러나는 아카시아 꿀을 밝은 용기에 담아두는 게 최선이다. 꿀을 눈에 잘 띄는 곳에 두고 종종 먹으면 집안에 재물운이 쑥쑥 들어오는 것을 경험할 것이다.

그 다음으로는 쌀통이다. 과거에 우리 조상님들은 쌀을 항아리에 담아 부엌에 보관하셨다. 이는 우리의 전통 신앙인 조왕신 사상과도 깊은 연관이 있다. 이에 따르면 조왕신이 집안에 평안을 가져오고 번영을 만들어준다고 말한다. 하지만 무속 신앙이 아니더라도 쌀은 한국인의 주식이므로 쌀통에 잘 담아서 보관하는 게 좋다. 절대 쌀이 변질되지 않도록 하는 것이 중요하다. 풍수학적으로 꿀이 강한 벌의 노동력을 의미하는 것이라면, 쌀은 근면과 부지런함을 상징하는 것으로, 이는 재물운과도 연결이 된다. 오행학에서 쌀은 토오행의 의미를 가지는 데다가 강한 양기를 가진 식품이기 때문에 부엌의 기운이 살아나도록 만들어준다. 심지어 전통 풍수학에서도 쌀을 부엌에 두고 잘 보관을 하면 재물운이 살아난다고 본다. 쌀을 담아두기 위해서는 반드시 쌀통인 필요하다. 쌀통은 쌀을 존중한다는 의미이기도 하니 작고 값싼 것이라도 부엌에 두어야 한다.

세 번째가 칼꽂이다. 누군가 부엌에서 풍수학적으로 가장 해로운 것을 한 가지만 꼽으라고 한다면 바로 칼이라고 답할 것이다. 하지만 칼은 부엌에서 필수적인 소품이다. 그렇기 때문에 이를 소중하게 보관하는 방법이 필요하며, 이를 위해 반드시 칼꽂이를 준비해야 한다. 우리 조상님들은 칼이 녹슨다면 집안이 망한다고 하셨다. 또한, 무속 신앙에서도 이 녹슨 칼은 귀신을 불러들인다고 말한다. 현대 심리학적으로도 칼에 대한 두려움을 느끼는 주부들이 많다는 것이 정설이다. 따라서 칼은 가능한 보이지 않는 곳에 두어야 하는데, 이렇게 된다면 사용할 때마다 찾거나 꺼내야 해서 아주 불편할 것이다. 그렇기 때문에 부엌에 칼꽂이가 있어야 하는 것이다. 음양학적으로도 칼은 차가운 물건이라서 부엌의 음기를 증폭시키기 때문에 이를 드러내지 않도록 만드는 것이 중요하다. 부엌의 기운을 중화시키는 소품은 무엇이든 꼭 둬야 하며 중화를 막는 소품은 절대 가만히 둬서는 안 된다. 게다가 어느 집이든 부엌에 다양한 칼이 있을 것이다. 큰 생선을 자르는 칼부터 작은 과일을 자르는 칼까지, 적게는 3개 많게는 6개 이상을 가지고 있을 것이니 편리를 위해서라도 부엌에 칼꽂이를 두는 게 좋다.

부엌에 절대 두면 안 되는 것들

그렇다면 어떤 것들을 부엌에 두면 안 되는 것일까? 첫 번째로, 부엌에는 절대 화초나 수목을 둬서는 안 된다. 세상 어떤 풍수서도 치우면 치웠지, 부엌에 꽃이나 수목을 두라고 하지 않는다. 부엌에 꽃을 두는 것은 서양의 풍습을 따라하며 생겨난 시조다. 하지만 길쭉한 서양의 만찬용 식탁과는 달리 우리의 식탁은 대부분 가족들이 겨우 앉을 수 있는 크기다. 특별한 날 기념을 위해서 한두 번 정도 꽃을 꽂아두는 정도는 괜찮지만, 그 이상은 풍수학적으로도, 위생적으로도 좋지 않다. 꽃 때문에 생긴 미생물이 우리가 먹는 음식에 떨어질 수 있기 때문이다. 청결한 분위기에서 위생적인 음식을 기분 좋게 먹는 것이야말로 가정에 행복을 만드는 풍수법이다.

두 번째는 쓰레기통이다. 쓰레기통은 부잣집 부엌에 절대로 없는 가장 대표적인 소품이다. 사실, 쓰레기통은 풍수학적으로 어디에도 둘 곳이 없다. 하지만 쓰레기통은 우리의 일상생활에 꼭 필요하다. 따라서 음식물 쓰레기봉투와 쓰레기통은 부엌 경계선 밖이나 안 보이는 곳에 두어야 한다. 아마 누구라도 쓰레기통이 눈에 보인다면 편안한 식사를 하기 어려울 것이다. 굳이 편리함을 위해 쓰레기통을 부엌 안에 둬야겠다면 반드시 뚜껑 달린 것을 사용해야 하며, 뚜껑의 상태를 늘 확인해야 한다. 혹자는 부자들이 절대 쓰레기통을 부엌에 두지 않는다는 사실을 믿기 어려울 것이다. 하지만 부자들이 이용하는 특급 호텔에서는 객실을 제외하고 어디에도 쓰레기통이 없다. 로비는 물론이고 복도에도 어디에도 쓰레기통이 보이지 않는다. 그래서 버릴 게 있으면 화장실을 찾아야 한다. 왜냐하면 이곳을 방문하는 부자들이 쓰레기통을 싫어하기 때문이다. 그렇다면 왜 부자들은 쓰레기통을 그렇게나 싫어하는 것일까? 한번 곰곰이 생각해 보기를 바란다.

세 번째가 고장난 화구나 고장난 전기 제품이다. 부엌의 기운이 살아나기 위해서는 반드시 화구가 청결하고 작동이 잘 되어야 한다. 그래서 우리 조상님들은 항상 부뚜막을 닦았다. 과거의 부뚜막이 바로 오늘날의 화구다. 또한, 우리 조상님들은 안주인의 근면함을 확인하기 위해서는 부뚜막을 보라고 했다. 이는 현대에도 마찬가지다. 가스레인지 주변에 음식물 찌꺼기가 남아 있거나 오래된 기름때가 끼어 있다면 안주인이 게으르다는 뜻이다. 게으른 집에는 운이 오지 않는다는 것이 풍수학의 요지다. 화구를 늘 깔끔하게 닦아놓으면 돈이 들어올 것이다. 전기 제품 역시 마찬가지다. 냉장고와 같은 전기 제품들이 고장난다면 가능한 빨리 고쳐야 하며 평소에는 항상 깨끗이 닦아야 한다. 부엌에서 재물운을 의미하는 것이 화구라는 것을 명심하고 꼬박꼬박 청소를 한다면 재물운이 살아나는 것을 느끼게 될 것이다.

네 번째가 날카로운 물건과 험한 물건이다. 부엌은 수오행의 기운이 담당하는 영역이다. 수오행의 기운을 의미하는 장소에서 재물을 뜻하는 것은 화오행이다. 그래서 화오행을 의미하는 화구나 전기 제품이 부엌에서 돈을 의미한다고 말했던 것이다. 부엌에서 화오행의 기운을 상하게 하는 것은 금오행이다. 부엌에서 금오행이 강해지면, 부엌 본연의 기운인 수오행이 덩달아 강해져 재물운이 살아날 수 없게 된다. 부엌에서 금오행을 상징하는 물건은 금속성의 날카로운 물건들이다. 따라서 이러한 물건들은 부엌에서 눈에 보이지 않는 곳에 두는 것이 가장 좋다. 이게 힘들다면, 최소한 금속성 물건의 끝이 사람을 향하지 않도록 해야 한다. 제일 좋은 것은 항상 부엌 서랍 안에 넣어 두고 사용할 때만 꺼내는 것이다.

과거의 풍수법과 현재의 풍수법

많은 사람들이 풍수학을 떠올리면 대단히 어렵고 특별한 학문이라고 생각하겠지만 절대 그렇지 않다. 풍수학은 원리적으로 아주 단순하게 생각하면 되는 학문이다. 부엌은 음식을 만들고 음식을 두는 곳이다. 그렇다면 가장 중요하게 생각해야 하는 것은 무엇일까? 당연히 환기가 가장 중요할 것이다. 좋은 식재료도 환기가 되지 않는다면 상할 수밖에 없다. 또한 음식 냄새 때문에 어려움을 겪을 수도 있다. 그래서 과거 우리의 전통 부엌에 문이 앞뒤로 두 개씩 있었던 것이며, 문의 방향을 동서로 둬서 바람이 잘 통하도록 만들었던 것이다. 과거의 고리타분한 풍수법을 꼭 따르라는 것은 아니다. 풍수역시 시대가 변하면 시대에 맞게 변해가야 하는 것이기 때문이다. 현대의 주택 구조는 과거와 달리 대부분이 실내형이다. 이에 따라 과거에는 크게 신경쓰지 않아도 되었을 통풍과 환기의 중요성이 더 부각되고 어려워진 것은 명백한 사실이다. 앞서 말했듯, 과거에는 실외에 부엌이 있었으며 부엌 양쪽으로 문을 두어 바람이 잘 통하도록 만들었다. 먼지가 상대적으로 많고 위생적이지는 않았겠지만, 최소한 환기나 통풍에 관해서는 걱정할 필요가 없었던 것이다. 또한 과거에는 부엌에서 식사를 하지 않았다. 하지만 현대에는 대부분의 가정이 부엌에서 식사를 한다. 따라서 현대의 부엌에서는 위생적인 부분보다는 환기와 통풍을 더욱 신경 써야 하며 이것이 가장 중요한 지점이다. 누구라도 부잣집 부엌에 가보면 환기가 잘 된다는 것을 느낄 수밖에 없으며 청결함에 놀라지 않을 수가 없다. 부자들의 부엌에는 그을음이나 습기가 없으며. 항상 뽀송뽀송하다. 어떤 음식을 하더라도 전혀 염려하지 않아도 되는 상태가 부엌의 첫 번째 조건이다. 혹시라도 음식이 상해서 버려야 할 만큼 관리가 안 되었고 비위생적인 부엌이라면 이것부터 당장 고쳐야 한다. 하지만 청결에 문제가 없다면 환기에 신경을 써야만 한다.

그 다음으로 신경을 써야 하는 것은 부엌의 서랍장이다. 부엌의 모든 서랍장에는 깨끗한 천이나 헝겊을 깔아두는 게 좋다. 식기를 넣을 때도 그냥 넣어두지 말고 하얀 천 위에 올려둬야 한다. 금속성 그릇이나 금속성 식기류는 붉은색이나 푸른색 천 위에 올려두면 좋고 도자기류의 그릇이나 식기들은 하얀 천 위에 올려두는 게 좋다. 이는 오행상의 균형을 맞추기 위해서이기도 하고, 이 그릇을 사용하는 사람에게 자신이 존중받는 사람이라는 인상을 주기 위해서이기도 하다. 부잣집 부엌에서는 어느 곳이든 절대 그릇을 함부로 두지 않는다.

재물운을 바란다면 반드시 앞서 말한 것들을 신경 써야만 한다. 만약 필자가 말한대로 행한다면 분명 재물운의 **빠른** 변화가 올 것이다.

화장실만큼은
특급 호텔처럼

풍수적으로 보았을 때, 재물운을 상승시키기도 하지만 재물운을 사라지게도 하는 곳이 있다. 바로 화장실과 주방이다. 재물운이 너무 강하게 중첩되면 기운의 상승을 막아버리기 때문에 화장실과 주방은 절대 가까이 있으면 안 된다. 이것을 사자성어로 과유불급過猶不及이라고 한다. 그렇다면 이곳을 어떻게 해야 재물운이 상승하게 되는 것일까. 또한, 지금껏 잘못 알고 있었던 것은 무엇일까. 좋은 기의 흐름을 가진 집도 있지만 나쁜 기의 흐름을 가지고 있는 집도 있다. 화장실이 나쁜 기를 머금게 된다면 재물운의 상승을 막게 된다. 재물운의 상승이 막히면 금전적인 어려움이 생기고 상황이 호전되지 않아서 악순환에 빠질 수밖에 없다. 지금부터 필자가 말하는 것처럼 화장실을 고친다면 어느 순간 금전적인 숨통이 트이는 것을 느끼게 될 것이다.

부잣집 화장실은 조명부터 다르다

첫 번째로 무조건 조명은 밝게 해야 한다. 혹자는 불과 물이 상극 아니냐고 물어볼지도 모르겠다. 하지만 음양오행론과 풍수학, 사주학을 조금이라도 깊이 있게 공부한 사람들은 절대 상극이라는 용어를 사용하지 않는다. 전문가들은 조화와 균형을 강조한다. 조화와 균형이야말로 동양학의 근본 원리이다. 화장실의 조명은 무조건 밝아야 한다. 이는 가정에서 물이 가장 많이 사용되고 있는 곳이 바로 화장실과 주방이기 때문이다. 한 가지의 기운이 너무 강해지게 되면 다른 오행의 기운은 살아날 수 없다. 그래서 부엌과 화장실의 기운을 조절해 균형을 잡아줄 화오행이 필요하다. 이것은 앞서 말한 과유불급의 이치이기도 하다. 혹시 화장실의 조명이 너무 어둡거나 전구가 너무 오래되어 불이 희미하다면 바로 교체해줘야만 한다.

두 번째로 환풍기는 반드시 제대로 작동해야만 한다. 과거와는 달리 현대에는 화장실과 욕실을 같이 사용한다. 때문에 화장실에서

방출되는 수오행의 기운이 과다해졌고 이는 가정의 재물운 상승을 막는 중요한 요인이 되고 있다. 위생적으로도 습기 때문에 세균이 화장실 안에 가득 찰 수 있기 때문에 환기는 필수적이다. 좋은 기운은 좋은 환경으로부터 만들어진다는 것은 풍수학의 기본이다. 혹시 샤워 후 한두 시간이 지난 후에도 화장실에 습기가 남아 있다면 반드시 환풍기를 교체하거나 수리해야 한다. 그리고 환풍기 청소는 무조건 한두 달에 한 번씩은 꼭 해라. 환풍기가 재물운의 변화를 만드는 곳이라고 생각하면 귀찮고 힘들더라도 힘이 날 것이다.

세 번째로 악취 제거제는 꼭 나무 향이 나는 것을 사용해라. 요즘 화장실에 인공적인 향을 사용하는 경우가 많다. 하지만 재물운의 상승을 위해서라면 숲이 떠오르는 나무 향을 사용하는 것이 좋다. 다만, 향이 너무 진하지 않은 것을 사용해라. 목오행의 기운이 수오행의 기운을 자연히 감소시켜 오행의 균형과 조화를 지키고 재물운을 상승시킬 것이다. 굳이 풍수적인 관점이 아니더라도 자연은 인간의 기운을 가장 잘 살아나도록, 가장 맑아지도록 만든다. 화장실에서 자연의 기운을 얻는다면 스스로도 모르는 사이에 아주 맑은 에너지가 생겨날 것이다. 이렇게 된다면 다른 가족들도 좋은 에너지를 발산하게 될 것이며 좋은 에너지가 가족 구성원들의 아침을 상쾌하게, 저녁을 개운하게 만들 것이다.

부자들의 습관, 청결함

자, 낡은 건물의 더러운 화장실과 깨끗한 건물의 산뜻한 화장실을 상상해 보자. 누군가는 고속도로를 달리다가 휴게소의 화장실이 더럽다는 이유로 용변을 참았을지도 모른다. 더러운 화장실 문을 열었다가 그대로 나온 적도 있을 수 있다. 반대로, 특급 호텔이나 백화점을 한 번이라도 이용해 본 경험이 있는 사람들은 특급 호텔과 백화점의 화장실이 얼마나 청결하고 깨끗한지 알고 있을 것이다. 특급 호텔과 백화점의 화장실은 왜 그렇게 깨끗할까? 부자들이 늘 찾는 곳이기 때문이다. 부자들의 습관에는 청결함이 자리를 잡고 있다. 그래서 그들이 찾는 곳은 어디든 화장실이 깨끗하다. 하지만 가난한 사람들이 사는 곳, 가난한 사람들이 다니는 곳의 화장실은 그렇지 않다. 왜일까? 혹시 아직도 그런 장소들은 부자들이 사용하니까 깨끗하다고 생각하는가? 화장실이 깨끗하니 사람들이 부담 없이 찾게 되고, 사람들이 이 건물에서 오래 편하게 머물 수 있으니 그 건물의 가치가 살아나는 것이라는 생각은 왜 하지 못하는가. 이것이 바로 부자들의 생각법인 것이다. 우리의 집도 마찬가지다. 우리 조상님들은 세상 모든 번영은 깨끗함에서 오고 이 깨끗함을 만드는 근본이 바로 부지런함이라고 말했다. 지금 당장 화장실을 청소하라. 그리고 앞으로도 매일 조금씩 청소를 해봐라. 어느 순간 스스로의 기분이 달라지는 것을 느끼게 될 것이며 이로 인해 가족 구성원들의 성격 역시 어느 순간 변해 있는 것을 발견하게 될 것이다. 이런 사소한 변화가 모이고 모여 큰 변화를 일으키게 되는 것이며 이 변화가 가정의 번영과 행복을 만들게 되는 것이다.

특히, 화장실에 거울과 휴지통은 항상 깨끗하게 청소해야 한다. 과거의 전통 풍수학과 현대의 풍수학은 분명 다르다. 이는 문명의 변화로 인해 새로운 것들이 만들어졌기에 그런 것이다. 그중 가장 대표적인 것이 거울이다. 혹자는 풍수에 무슨 거울 이야기가 있냐고 생각할지 모르지만 현대 풍수에서 거울은 절대 빼놓을 수 없는 소품이다. 아마 특급 호텔 고급 식당의 화장실을 사용해 본 사람이라면 화장실의 휴지통과 거울이 깨끗하다는 것을 모르는 사람은 없을 것이다. 우리는 텔레비전에서 여성들이 화장실 거울 앞에 서서 화장을 고치는 모습을 자주 본다. 이는 거울이 집에서도 그만큼 친숙해야 한다는 이야기이기도 하다. 화장실 거울을 매일 한 번씩이라도 닦아 봐라. 휴지통도 매일 비우고 닦아봐라. 틀림없이 어느 순간 집 안에 계속 좋은 일이 생기고 운이 살아나고 있다는 것을 느낄 것이며, 스스로의 변한 모습을 자신이 먼저 발견하게 될 것이다. 거울은 오행학적으로 화오행의 결정체라고 할 수 있다. 화오행은 감정의 변화와 판단력의 변화를 의미하는 것이며 열정과 적극성을 의미하는 오행이다. 그래서 깨끗한 거울 앞에 서면 누구라도 기분이 좋아지는 것이다. 물론 휴지통의 깨끗함도 이런 기운을 만들어줄 것이다.

운을
벌어야
돈이
벌린다

초판 1쇄 발행 2023년 1월 31일
초판 6쇄 발행 2024년 12월 31일

지 은 이   이정재
펴 낸 이   김동하

펴 낸 곳   부커
출판신고   2015년 1월 14일 제2016-000120호
주   소   (10881) 경기도 파주시 산남로 5-86
문   의   (070) 7853-8600
팩   스   (02) 6020-8601
이 메 일   books-garden1@naver.com
인스타그램   @thebooks.garden

ISBN   979-11-6416-139-3 (03320)